Geneviève Guilbault

Billie Jazz

Les AUDITIONS

boomerang

Pour ma correspondante préférée, J'espere que tu vas aimer ce livre autant que moi

Victoria

Catalogage avant publication de Bibliothèque et Archives nationales du Québec et Bibliothèque et Archives Canada

Guilbault, Geneviève, 1978-

Les auditions

(Billie Jazz ; 1)
Pour enfants de 8 ans et plus.

ISBN 978-2-89709-125-5

I. Titre.

PS8613.U494A92 2016 jC843'.6 C2016-941724-7
PS9613.U494A92 2016

7e impression : janvier 2021

Auteure : Geneviève Guilbault
Illustratrice : Sabrina Gendron
Graphisme : Mika

Dépôt légal – Bibliothèque et Archives nationales du Québec, 4e trimestre 2016

ISBN 978-2-89709-125-5

Gouvernement du Québec – Programme de crédit d'impôt pour l'édition de livres – Gestion SODEC

Boomerang éditeur jeunesse remercie la SODEC pour l'aide accordée à son programme éditorial.

Imprimé au Canada

Financé par le gouvernement du Canada | Canada

ASSOCIATION NATIONALE DES ÉDITEURS DE LIVRES

À Megan G.

xxx

* CHAPITRE 1 *

Des idées plein la tête

— On part dans dix minutes, Billie !

— Pas de problème, maman. Je serai prête !

Assise au bureau de sa chambre, Billie ajoute quelques traits de crayon à son œuvre. Un peu de couleur par-ci, une étoile par-là.

Voilà ! C'est terminé ! Fière de son travail, la jeune fille lève sa feuille devant elle pour mieux admirer son dessin. Le résultat est superbe ! Encore une fois, elle a eu un éclair de génie. Pressée d'en parler à sa meilleure amie, elle allume son iPod et lui écrit un message.

Billie

Maya ?
Es-tu là ?
Je viens d'avoir une idée fantastique !

Maya

Tu as TOUJOURS des idées fantastiques, Billie! Ton cerveau en est plein. Arrives-tu à dormir, de temps en temps? 😉

Billie

Oui, justement! Je l'ai eue en dormant, celle-là. Pratique, non? 😀

Billie

Je nous ai dessiné un nouveau costume.

Maya

J'ai hâte de voir! Mais... Hé! As-tu vu l'heure? On va être en retard au cours de danse!

Billie

Ne t'en fais pas, j'ai tout mon temps.

Maya

Pas moi! Je dois partir et je ne trouve pas ma brosse à dents. Elle a mystérieusement disparu.

Maya

Bah! Tant pis, il faut que j'y aille!

Billie

Attends! Tu ne peux pas aller au cours sans te brosser les dents! C'est super important, l'hygiène buccale!

Billie

As-tu regardé sous ton oreiller?

Maya

Pourquoi ma brosse à dents serait-elle sous mon oreiller?

Billie

Je ne sais pas.

Maya

Attends, je vais voir.

Maya

Oh! Je viens de la trouver. Tu avais raison, elle était là!

Billie

Hi! Hi!

Maya

Encore une de tes blagues, hein? C'est bien toi, ça! Bon, je dois y aller. On se rejoint là-bas?

Billie

Billie éteint son iPod
et sort de sa chambre,
plutôt contente.

Elle ADORE
JOUER DES TOURS.

C'est même l'une

des choses qu'elle aime
le plus, dans la vie.
Ça, et le CHOCOLAT,

les **montgolfières**,
les COMÉDIES MUSICALES,
les **framboises**, le **vélo**,
les VOYAGES et la *lecture*.

MAIS CE QU'ELLE PRÉFÈRE PAR-DESSUS TOUT, C'EST

LA DANSE !

D'aussi loin qu'elle s'en souvienne, Billie a TOUJOURS aimé danser, même quand elle était toute petite et qu'elle savait à peine marcher. Elle était si mignonne à voir, avec ses couettes et son tutu rose, en train de sauter dans tous les sens ! Aujourd'hui plus que jamais, elle se sent merveilleusement bien quand elle bouge au rythme de la musique. Elle oublie tout.

Ses pensées s'envolent et elle a l'impression de flotter comme sur

un nuage.

Les yeux fermés et les pieds pointés, Billie entre dans la cuisine en tournant sur elle-même. Une pirouette, deux pirouettes, trois pirouettes...

— QUOI ? Tu n'es pas encore habillée ? s'exclame son père, découragé de la voir arriver en pyjama.

— Oups ! J'ai oublié ! fait Billie, en lui donnant un gros bisou sur la joue.

— Dépêche-toi ; sinon, tu devras aller au centre communautaire en vélo.

Dans la cuisine, toute la famille est agitée. Les jumeaux rangent la vaisselle avant d'aller à leur cours de soccer, papa nettoie la table, tandis que maman avale d'un trait sa dernière gorgée de café. Quant à Josie, la petite sœur de Billie, elle s'approche d'elle et tire bien fort sur son pantalon de pyjama.

— REGARDE, z'ai mis ta *robe* de danse.

— C'est très joli, lui dit Billie, en s'agenouillant devant sa sœur. Mais ma robe est un peu grande pour toi, ajoute-t-elle en remontant la bretelle sur l'épaule de la petite. Tu ne trouves pas ?

— Mais non, proteste Josie, les mains sur les hanches. Ze suis une grande fille, maintenant. Z'ai aussi coiffé mes cheveux comme les tiens. Et z'ai même mis ton rouze à lèvres.

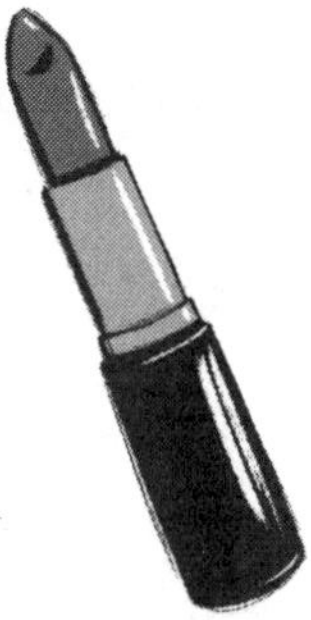

— Je ne porte PAS de rouge à lèvres, riposte Billie en posant une main sur les cheveux bouclés de sa sœur.

— Oh! C'est celui de maman, alors. Tu vois, ze suis une danseuse, comme toi.

Josie lève les bras en l'air et se met sur le bout des pieds.

— Oui, c'est très bien, lui dit Billie, un sourire aux lèvres. Va te changer, maintenant. On part bientôt. Tu veux faire la course ?

Josie fait demi-tour et sautille jusqu'à sa chambre en riant aux éclats, tandis que Billie la chatouille par-derrière. Cinq minutes plus tard, Billie a fini de s'habiller. Elle a englouti un bol de céréales, brossé ses dents, coiffé ses cheveux et enfilé une veste. Toute la famille est prête à monter en voiture.

Une fois arrivée au centre communautaire, Billie aide sa sœur à rejoindre son groupe dans le local des petits et s'empresse de retrouver Maya. Elle a vraiment hâte de lui montrer son dessin ! Son amie est juste là, dans la grande salle, entourée de ses coéquipières de **danse**. Elles sont toutes arrivées : Solène, Frédérique, Léa, Eva, Maélie et Coralie. Certaines sautillent sur place, d'autres se tapent sur l'épaule, tandis que Léa applaudit avec enthousiasme. On dirait qu'il y a de l'excitation dans l'air !

— Hé ! Salut, les filles ! Qu'est-ce qui se passe ? leur demande Billie avec curiosité.

Maya s'approche de son amie, lui agrippe les deux mains et les serre BIEN FORT. Un peu trop fort, même !

— Catherine a une grande nouvelle à nous annoncer ! dit-elle, en souriant à belles dents.

Catherine, c'est la gentille bénévole qui leur donne des cours tous les mercredis et tous les samedis. Billie l'aime beaucoup ! Elle est très drôle et très souriante.

— Une grande nouvelle ? Quelle grande nouvelle ? fait Billie, les sourcils relevés.

— ON NE LE SAIT PAS ! s'écrie Maya. C'est ça qui est **excitant** !

— Mais on a une source hyper fiable, explique Frédérique, en agitant les mains dans tous les sens, TELLEMENT elle est impatiente. C'est la cousine de la voisine de l'amie de la nièce de Catherine qui nous l'a dit.

Billie fronce les sourcils pour réfléchir. C'est bien compliqué, tout ça ! La cousine de la voisine de l'amie de la... Puis, elle comprend :

— AH ! Tu parles de Solène ?

Dans le grand cercle d'amies, Solène avance d'un pas en levant le doigt. Tout le monde tend l'oreille.

— J'ai entendu Catherine discuter avec ma mère hier soir, explique Solène à voix basse. Elle a dit :

— Oh ! J'ai tellement hâte de savoir de quoi il s'agit ! s'écrie Léa, en tapant des pieds.

— Peut-être que la ville a ENFIN accepté de nous installer des miroirs, dit Coralie, pleine d'espoir.

— Ou alors, souffle Maya, en se croisant les doigts, peut-être qu'on va finalement avoir nos barres d'exercice ! Ça serait vraiment chouette, vous ne trouvez pas ?

— Tellement ! s'exclame Solène. On pourrait enfin faire du ballet !

Les jeunes filles sont très excitées. Elles aimeraient savoir TOUT DE SUITE de quoi il s'agit.

— J'ai une idée, annonce soudainement Billie à voix basse pour attirer l'attention de ses coéquipières. On devrait jouer un tour à Catherine.

Ses amies lèvent les yeux au ciel en souriant. Billie veut TOUJOURS jouer des **tours.** Que va-t-elle inventer cette fois-ci ?

— On pourrait faire semblant que sa grande nouvelle ne nous intéresse pas, suggère-t-elle, un sourire malicieux au coin des lèvres. Ou qu'on est déçues. Ou qu'on a décidé d'arrêter la danse. OUI, C'EST BON, ÇA! On fait semblant qu'on a décidé de changer de sport !

— **Pourquoi ?** demande Léa, le nez retroussé.

— Pour s'amuser, voyons ! lui répond Billie. Ça va être drôle ! Catherine va se poser un tas de questions.

— Je n'y arriverai jamais ! dit Solène, un brin inquiète. Je vais trop avoir le goût de rire !

— On peut y arriver ! lâche Billie pour l'encourager, le pouce levé. Je vais vous expliquer comment faire, ne vous inquiétez pas. Ça va être drôle, je vous le promets !

★ CHAPITRE 2 ★

Danse-Élite

— J’espère que vous êtes en forme, mes petites girouettes! dit Catherine, en entrant dans la grande salle. Je vous ai préparé un super cours aujourd’hui!

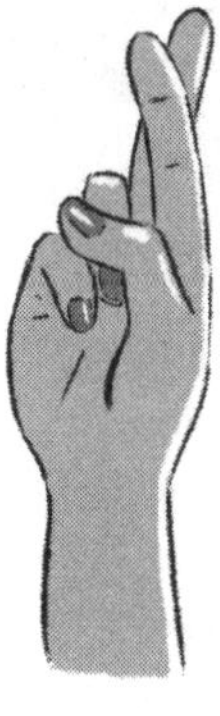

Billie et ses amies trépignent d’impatience. Elles se croisent les doigts et espèrent très fort qu’elles ne devront pas attendre à la toute fin pour apprendre la bonne nouvelle. Elles sont trop curieuses !

— HOULA ! Je vois que vous avez de l'énergie, déclare leur entraîneuse, un GRAND sourire aux lèvres. C'est parfait ! Installez-vous, on va commencer les échauffements.

— EUH, es-tu sûre ? demande Solène, l'air déçu. Tu ne veux pas qu'on discute un peu avant ?

— Discuter de QUOI ?

— Il paraît que tu as une annonce à nous faire, lance Billie, de plus en plus fébrile.

Catherine se gratte la tête avec les doigts, en la penchant un peu sur le côté. Elle n'a pas l'air de comprendre de quoi il s'agit.

— Une ANNONCE ? Non, je ne vois pas.

— Une bonne nouvelle, alors ? renchérit Billie avec espoir.

— Non plus. Désolée.

— Un petit quelque chose de rien du tout qui nous rendrait heureuses et qui mettrait un peu de bonheur dans notre journée ?

— **Ah !** Mais **bien sûr !** s'exclame Catherine, en se tapant le front avec la main, comme si elle venait de se rappeler un détail important.

Billie et Maya retiennent leur souffle. ENFIN ! Elles vont savoir de quoi il s'agit !

— Puisque c'est notre dernière semaine de cours, j'ai décidé de modifier notre programme d'échauffement ! annonce-t-elle avec fierté. Vous allez voir, c'est très original.

Allez, **hop!** En position ! On a assez perdu de temps !

Billie baisse la tête et va s'installer entre Maya et Maélie. Les enchaînements proposés par Catherine sont bien, mais les filles sont déçues, ça se voit dans leur façon de bouger. Solène se traîne les pieds, Maélie est plus lente qu'une tortue et Billie essaie de chasser sa frustration en prenant de grandes respirations.

Les cours de danse sont faits pour avoir du plaisir, non ? se dit Billie, en retrouvant le sourire. À moi de faire en sorte qu'on s'amuse !

Elle observe ses amies en se demandant quel tour elle pourrait bien leur jouer ; elle constate vite qu'elles sont loin d'être concentrées. Elles font à peu près n'importe quoi. Solène reçoit même le pied de Coralie sur la tête à deux reprises !

Ouch!

Et ça ne s'améliore pas pendant la répétition de la chorégraphie. Maya oublie la moitié des mouvements, Frédérique rate complètement son pont et Maélie oublie de faire son solo. Décidément, les danseuses ont la tête AILLEURS.

— OK! On fait une pause! déclare Catherine, découragée. Ça ne va pas du tout. Allez prendre une gorgée d'eau.

Les filles obéissent en se traînant les pieds. Puis elles reviennent s'asseoir au milieu de la grande salle, peu motivées.

— Bon! Je crois que ma plaisanterie a assez duré, lance Catherine, le visage soudain *lumineux*.

Êtes-vous prêtes à entendre ma GRANDE nouvelle ?

Billie sent son *cœur* battre **très fort** dans sa poitrine. Derrière elle, Coralie laisse échapper un petit cri.

— Tu avais VRAIMENT une annonce à nous faire ? s'écrie-t-elle, les yeux ronds. Pourquoi tu ne nous as rien dit ?

— Vous croyez que vous êtes les seules à pouvoir faire des blagues ? reprend Catherine en ricanant, fière de son coup. J'ai bien le droit, moi aussi ! Eh oui ! Je vous ai entendues comploter, tout à l'heure, ajoute-t-elle en voyant le visage surpris de ses élèves.

— Tu nous as espionnées ? demande Billie, étonnée.

— Oh ! **Pas besoin !** On pouvait vous entendre aux quatre coins du centre communautaire. De vraies petites pies !

Catherine lève les mains pour faire semblant de battre des ailes comme un oiseau.

« Piou ! Piou ! Piou ! »

Tout le monde éclate de rire.

La curiosité de Billie est si GRANDE qu'elle aurait envie de crier à ses amies de se taire, mais Catherine se charge de ramener l'ordre en posant un index devant sa bouche.

— Voilà, fait-elle fièrement pour commencer. C'est maintenant officiel : le centre communautaire va subir **d'importantes** rénovations au cours des prochaines semaines.

Les jeunes danseuses échangent des regards surpris. Des **travaux?** Tout ce mystère pour des travaux? Ce n'est pas une grande nouvelle, ça fait un mois que l'endroit ressemble à un chantier de construction! Déçue, Billie croise les bras pour écouter le reste des explications:

— Comme vous le savez déjà, les travailleurs ont restauré la grande salle et s'apprêtent maintenant à agrandir la salle de bain pour y ajouter des vestiaires. Ce que vous ignorez, c'est qu'ils vont également ajouter... Tenez-vous bien... Un studio de danse !

— QUOI ? s'écrie Billie en se levant d'un bond. Un studio de danse ? UN VRAI DE VRAI ? Avec des miroirs, une chaîne stéréo et tout le reste ? Sérieusement ? Ce n'est pas une blague ?

— Non, Billie, ce n'est pas une blague, lui répond Catherine en souriant. Je ne passe pas mon temps à jouer des tours, MOI ! ajoute-t-elle, en lui faisant un clin d'œil. Maintenant, rassieds-toi, je vais tout vous expliquer.

Billie obéit. À côté d'elle, Maya écoute attentivement, le visage figé, la bouche grande ouverte. La connaissant, elle est sûrement en train de les imaginer montant un super spectacle qu'elles présenteraient partout à travers le monde ! Rien de moins !

— À partir de la rentrée scolaire, les nouveaux locaux nous permettront d'offrir des cours de danse aux jeunes de tous les âges, des plus petits jusqu'aux plus vieux. Il y aura des groupes de différents niveaux, alors tout le monde y trouvera son compte. Mais ce qui vient d'être décidé et qui devrait vous intéresser, c'est...

Catherine interrompt sa phrase pour faire durer le suspense. Dans la salle, on pourrait entendre une fourmi respirer.

— C'est le nouveau programme qui sera offert aux jeunes de cinquième et de sixième année, ajoute-t-elle. Ça va s'appeler Danse-Élite. Les élèves sélectionnés iront à l'école tous les matins et viendront ici tous les après-midi pour s'entraîner.

Catherine aimerait bien continuer ses explications, mais les filles explosent de joie. Elles se LÈVENT, **crient,** expriment leur **enthousiasme** et se serrent mutuellement dans les bras l'une de l'autre. Billie sent même une larme de bonheur couler le long de sa joue.

Ça y est! Elle va enfin pouvoir **danser tous les jours!** Laisser libre cours à sa créativité, améliorer sa technique, acquérir plus de souplesse. C'est tout un *rêve* qui est en train de se réaliser!

— Est-ce que c'est toi qui vas donner les cours de danse ? demande Eva.

— Non, je ne suis pas assez qualifiée, répond Catherine, en toute modestie. Je vais m'occuper des tout-petits. Mais j'ai rencontré les entraîneurs qui ont été engagés et je peux vous assurer qu'ils sont très compétents. Peut-être même plus que ceux du Studio Pop !

Frédérique lâche un petit cri de joie. Le **Studio Pop**, c'est le

MEILLEUR studio de TOUTE LA VILLE! Ses danseurs prennent part à une foule de compétitions pendant l'année et reviennent toujours avec plein de médailles. Rien à voir avec les petits groupes du centre communautaire.

— Estelle et Matthew ont très hâte de vous rencontrer lors des auditions, annonce Catherine, en se levant pour distribuer des dépliants à ses danseuses.

— Des auditions ? répète Maya, le visage **horrifié.** Pourquoi, des auditions ?

— Pour qu'ils puissent évaluer vos aptitudes en danse, de même que votre motivation, votre esprit d'équipe et votre attitude en général. L'ensemble de tout ça leur permettra de choisir les vingt élèves qui feront partie de cette merveilleuse aventure.

— Seulement **vingt ?** s'écrie Billie, découragée. Pour TOUT le programme ?

— Exactement, lui répond Catherine. Dix élèves de cinquième et dix élèves de sixième année. Peut-être qu'il sera possible d'augmenter le nombre de places avec le temps, mais on devra se contenter de ce nombre pour la première année. **Bon!** C'est tout pour aujourd'hui. Prenez le temps de regarder les dépliants avec vos parents et n'hésitez pas à venir me voir si vous avez d'autres questions. Ça va me faire plaisir d'y répondre.

Billie est la première à se diriger vers Catherine pour prendre un dépliant. Le *précieux* bout de papier serré contre sa poitrine, elle sort de la grande salle en compagnie de Maya, les yeux luisants et le cœur joyeux.

CHAPITRE 3

Blague à part

Billie entre en coup de vent dans la maison.

— Papa ? Est-ce que tu es là ?

— Oui, ma grande. Je suis dans la cuisine.

Elle jette son sac de sport au sol, enlève ses chaussures en vitesse et court pour aller rejoindre son père.

— Tu ne sais pas quoi? J'ai une super nouvelle à t'annoncer! C'est vraiment TROP GÉNIAL! Je te le dis, tu n'en reviendras pas! Je suis **super excitée!**

— Hé! Du calme, sauterelle. Prends le temps de respirer, je ne comprends rien à ce que tu me dis. Où est ta sœur?

— Avec maman, dans l'entrée.

— Billie m'a laissée toute seule, au centre *conumautaire!* crie Josie, en retirant ses bottes de pluie.

— Ce n'est PAS VRAI ! dit Billie pour se défendre. Tu n'étais pas toute seule, on a attendu maman ensemble, toutes les deux.

— Tu ne t'es pas assise avec moi, ajoute sa sœur, qui ne cesse de rouspéter, alors qu'elle entre dans la cuisine, le visage boudeur. Ce n'est pas zuste !

— **Ben là!** J'étais dans l'escalier avec mes amies ! Je ne t'ai quand même pas abandonnée !

— Oui, mais moi, *ze t'aime* !

— Moi aussi, je t'aime, lâche Billie, en lui pinçant le nez avec les doigts pour la faire sourire. Mais là, on avait PLEIN de choses à se dire, mes amies et moi ! C'est à cause de Catherine, explique la jeune fille, le bras tendu pour donner le dépliant à son père. Elle nous a appris une super nouvelle pendant le cours d'aujourd'hui !

Billie s'assoit à la table et pige un morceau de poivron dans l'assiette de légumes posée devant elle. Puis, elle demande, la bouche à moitié pleine :

— Alors ? C'est *cool*, hein ? Qu'est-ce que tu en dis ? Je peux m'inscrire ?

— Hum... Ça me semble bien intéressant, en effet, marmonne le père de Billie, les yeux posés sur le papier. Quand est-ce que ça commence ?

— Le studio sera prêt pour la rentrée en septembre. Mais les auditions sont dans deux semaines. Ça me laisse juste assez de temps pour me préparer.

— Moi aussi, ze veux faire des *z'autidions,* articule Josie, en croquant dans un bâtonnet de carotte.

— Tu ne peux pas. Tu es trop petite, lui explique sa soeur.

— Ce n'est pas zuste !

— Je sais, mais tu vas grandir, et un jour tu deviendras la meilleure danseuse de toute l'école, lance Billie pour l'encourager. Alors, papa ? Est-ce que c'est oui ?

— Je crois que ce programme est parfait pour toi, ma grande, dit madame Jazz en entrant à son tour dans la cuisine, les mains chargées de sacs d'épicerie. Laisse-nous regarder ça en détail, mais, d'après moi, il n'y aura pas de problème.

— **Merci! MERCI!** s'exclame Billie, en sautant sur place. Vous êtes les **meilleurs** parents du monde!

— Hum... Ce n'est pas ce que tu nous dis quand on te demande

de ranger ta chambre, marmonne son père, un petit sourire aux lèvres.

— Je vous promets de la ranger TOUS LES JOURS si je suis choisie !

Plus heureuse que jamais, Billie court pour aller chercher son iPod et s'installe sur le canapé du salon en prenant sa position préférée, c'est-à-dire la tête en bas et les pieds dans les airs. Tiens, tiens, elle a bien envie de jouer un tour à sa meilleure amie !

Billie

Alors? Est-ce que c'est oui?

Maya

Je ne sais pas encore. Mon père travaille de nuit, alors ma mère ne pourra pas lui en parler avant demain.

Billie

Tu crois qu'ils vont accepter?

Maya

Je ne vois pas pourquoi ils refuseraient. 😊

Billie

Bon... Au moins, il y en aura une de nous deux qui pourra vivre cette belle expérience. 😭

Maya

Qu'est-ce que tu veux dire? 😮

Billie

Je veux dire que mon père à moi n'est pas d'accord. Il ne veut pas que je danse tous les jours, il trouve que c'est trop.

Maya

BEN VOYONS! Ça ne se peut pas! Il est le premier à t'encourager à faire du sport!

Billie

Je sais, mais là, il a peur que ça nuise à mes études. 💔💔💔

Maya

Tu es super forte à l'école!

Billie

En tout cas, il ne veut rien savoir. Je l'ai supplié, je lui ai fait plein de promesses et j'ai même proposé de travailler au dépanneur du coin pour payer l'inscription, mais il n'a pas changé d'idée.

Maya

Ben là! Tu es beaucoup trop jeune pour travailler, Billie! Franchement!

Billie

Je sais, mais je ferais TOUT pour le convaincre.

Maya

Si c'est comme ça, je vais aller dire à ma mère de laisser tomber. Hors de question que j'aille à Danse-Élite sans toi. Je reviens dans une minute.

Billie

NON! ATTENDS, MAYA!

Billie

Mes parents ont dit oui!

Billie

Ne lui dis SURTOUT PAS que ça ne t'intéresse plus!

Billie

ZUT!

Billie

C'était juste une petite blague!

Maya

Je suis là! Hé! Hé! Je savais que tu me faisais marcher. J'ai voulu faire la même chose. 😜

Billie

Hé ! C'est moi qui joue les tours, d'habitude. Tu m'as fait peur ! 😯

Maya

Tu vas enfin comprendre ce que je vis quotidiennement en étant ta meilleure amie. Je te le dis, ce n'est pas toujours facile ! 😈

Maya

Est-ce que je peux venir chez toi ? Je veux te proposer un truc.

Billie

OK. Je t'attends!

★ CHAPITRE 4 ★

Entraînement intensif

— Tu ne trouves pas que tu exagères ? demande Billie, plaintive, après que son amie lui a expliqué son idée. Je veux bien qu'on se mette en forme, mais ça, ajoute-t-elle en brandissant une feuille remplie de notes, c'est complètement **fou** ! Je tiens à rester en vie, tu sauras !

— C'est un super plan d'entraînement ! proteste Maya, le visage sérieux. On n'a pas le choix de travailler fort si on veut se surpasser. **On doit** être meilleures que toutes les autres. **On doit** être au top de notre forme. **On doit** se démarquer. **On doit** améliorer notre cardio. **On doit** développer nos muscles. **On doit...**

— **On doit** **aussi** s'amuser, lance Billie en agitant une main devant les yeux de son amie pour la ramener à la réalité.

— **S'amuser ?** répète Maya, en émettant un ricanement sinistre. On n'a pas le temps de s'amuser ! Lève-toi, c'est parti !

— QUOI ? Maintenant ?

— Tu préfères qu'on reste assises à ne rien faire ? Tu veux que nos muscles s'atrophient ou quoi ?

— Je ne sais même pas ce que ça veut dire... *S'atro* quoi ?

— Tes muscles vont fondre comme neige au soleil, si tu ne les fais pas travailler ! C'est ÇA que ça veut dire. Tu n'arriveras même plus à te lever ni à marcher.

— Euh, sérieusement, Maya, tu dramatises.

Mais c'est trop tard. Maya est déjà sur ses pieds, prête à se lancer. Elle salue monsieur et madame Jazz, envoie un bisou soufflé à Josie et fait une grimace aux jumeaux qui reviennent tout juste de leur cours de soccer. Puis, elle sort de la maison en entraînant Billie au pas de course dans les rues du quartier.

— Tu vas trop vite ! dit la jeune fille sur un ton plaignard.

— C'est parce que TU N'ES PAS EN FORME ! lui crie Maya, sans ralentir le pas.

— Je suis en excellente forme, tu sauras. C'est juste que... **Pfft !** On ne pourra pas tenir ce rythme bien longtemps !

— Allez ! Un peu de nerf ! dit Maya sur un ton insistant, en lui faisant signe d'avancer plus vite.

Mais Billie avait vu juste. À peine quelques minutes plus tard, son amie arrête de courir, une main sur les côtes, la respiration sifflante.

— Je crois que... **Pfft ! Pfft !** Je crois que tu avais raison. J'y suis peut-être allée fort.

— Veux-tu qu'on aille au parc ? propose Billie, tout aussi essoufflée. On pourrait faire quelques exercices de musculation. Pas tous ceux qui sont sur ta liste, précise-t-elle en levant le doigt pour bien se

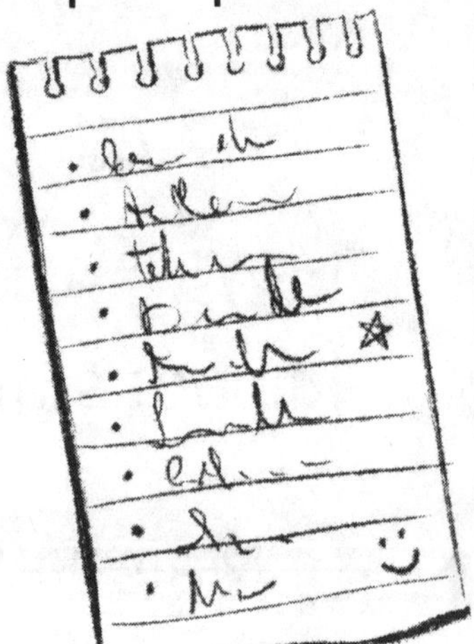

faire comprendre, mais on pourrait en choisir deux ou trois.

— Oui... **pfft!** Bonne idée!

Les deux jeunes filles se rendent donc au parc en marchant, question de retrouver une respiration normale et de laisser le temps à leurs jambes de récupérer. Une fois arrivées, elles s'installent sur l'herbe pour commencer une première série de redressements assis.

— Hé! Allô, les filles! dit une petite voix, qui leur provient de derrière. Qu'est-ce que vous faites?

Billie tourne la tête et aperçoit Rose-Élie, une élève de sa classe. Puis, ses yeux se posent sur le garçon qui l'accompagne. Il est plutôt mignon, avec ses grands yeux foncés et ses cheveux bouclés.

— On s'entraîne pour les aud..., avoue-t-elle pour commencer, avant que Maya lui coupe la parole.

— En fait, on s'est donné un **défi** pour l'été, lâche celle-ci, en levant le ton pour couvrir la voix de son amie. On veut voir à quel point on peut s'améliorer si on fait des redressements assis tous les jours.

Billie questionne Maya du regard — pourquoi mentir à Rose-Élie ? — et celle-ci lui répond d'un simple coup d'œil. Billie comprend enfin. Elle ne veut pas que la nouvelle se répande. **Plus** il y aura de monde aux auditions, **plus** il sera difficile de se tailler une place dans le programme Danse-Élite.

— AH ! lui répond Rose-Élie, en haussant les épaules. Je pensais que vous vous entraîniez pour les auditions.

— Tu es au courant ? lui demande Maya, en appuyant les coudes sur ses genoux, à la fois étonnée et mécontente. Comment l'as-tu su ?

Le garçon avance d'un pas et leur dit, les mains dans les poches :

— Tout le monde ne parle que de ça depuis ce matin. La ville en entier est au courant.

— Julien a raison, confirme Rose-Élie. La nouvelle s'est répandue comme une traînée de poudre. Alors ? Vous y allez ou pas ? ajoute-t-elle, insistante.

— Vous devriez essayer, fait Julien en hochant la tête. Vous êtes de bonnes danseuses. Surtout toi, Billie.

Billie cligne des yeux à plusieurs reprises, étonnée qu'il les ait déjà vues danser. Ils ne se connaissent même pas.

— Qu'est-ce que tu en sais, toi ? aboie Maya, un peu insultée qu'il n'ait pas mentionné son nom à elle aussi.

— Mon cousin aime bien la danse, dit Rose-Élie, sans plus d'explication. En tout cas, je vous conseille de **bien** vous entraîner si vous voulez être choisies, parce que la compétition risque d'être féroce.

— Ne t'inquiète pas pour nous !

Maya empoigne le bras de son amie et l'entraîne à l'extérieur du parc en grognant son mécontentement. Avant de tourner le coin de la rue, Billie jette un dernier regard à Julien, qui lui envoie la main en guise d'au revoir. Une douce chaleur lui monte aux joues.

Qui sait ? Peut-être auront-ils la chance de se croiser à nouveau un de ces jours !

Le soir venu, comme tous les soirs depuis maintenant plusieurs mois, Billie s'installe à plat ventre sur son lit avec son carnet et son crayon préféré.

Ce mystérieux carnet, personne n'en connaît l'existence. Personne à part elle.

— ***La vie est belle, ma Billie,*** lui avait dit un jour sa mère, alors qu'elle se sentait particulièrement triste. ***Même les*** *journées les plus difficiles ne sont pas totalement affreuses. Il suffit de fermer les yeux et de penser aux petites choses qui ont fait notre bonheur. Ça peut être n'importe quoi : une parole, un sourire, un morceau de chocolat ou même un câlin.*

C'est ainsi que la jeune fille avait eu l'idée de garder un souvenir de tout ce qui lui arrivait de beau dans un petit carnet.

DANSE-ÉLITE! C'est LA chose à retenir de ma journée! DANSE-ÉLITE! DANSE-ÉLITE! Un jour, je vais faire partie de DANSE-ÉLITE!

Maman m'a fait mon dessert préféré ce soir : un soufflé aux framboises.

Après une séance d'étirements intensifs, j'ai enfin réussi à faire le grand écart!

Des petits papillons se sont installés dans mon ventre après ma rencontre avec Julien. Il est vraiment beau et il a l'air très gentil. (Voilà, c'est dit!) Je sais que je n'ai pas le temps de m'intéresser aux garçons, alors j'arrête immédiatement de penser à lui.

★ CHAPITRE 5 ★

Mauvais pressentiment

Billie se réveille avec la nette impression que sa journée sera longue et pénible. Pourquoi ? Parce que ses muscles n'ont jamais été aussi endoloris. Mais aussi parce qu'elle éprouve un étrange pressentiment. Un pressentiment qui lui donne mal au ventre tellement il est intense. Quelque chose de grave est sur le point de se produire, elle en mettrait sa main au feu.

Son premier réflexe est de vérifier si sa meilleure amie va bien.

Billie

Salut, Maya! Toujours en vie?

Maya

Bien sûr. Pourquoi tu me demandes ça?

Billie

Je ne sais pas. Je me sens bizarre ce matin. Et toi, tu vas bien?

Maya

Tellement! 😀 J'ai rêvé qu'on avait été les meilleures danseuses des auditions.

Billie

Pour vrai? 😀 On avait été choisies?

Maya

C'est sûr! Et ensuite, on montait une chorégraphie tellement géniale que des dizaines de pays nous appelaient pour nous inviter à nous présenter sur les plus grandes scènes du monde. On allait à Paris, à Londres, à Tokyo, à Melbourne. Je te le dis, c'était trop génial!

Billie

Wow! Avec Léa et Maélie? Oh! Est-ce que Frédérique était avec nous, elle aussi? Et Coralie?

Billie

Maya?

Billie

Pourquoi tu ne réponds pas?

Maya

Je reviens dans deux minutes, Billie. Mes parents veulent me parler.

Billie

OK. J'attends.

Pendant que Maya est partie, Billie se lève — **ouch, les cuisses !** — et s'installe à son bureau pour commencer un nouveau dessin. Elle fouille dans ses revues pour s'inspirer, griffonne sur la page, trace des modèles et ajoute un peu de couleur. Au bout d'un moment, toutefois, elle commence à s'inquiéter. Pourquoi Maya met-elle autant de temps à revenir ?

Maya

Je suis de retour.

Billie

C'était long, dis donc! Qu'est-ce qu'ils voulaient, tes parents?

Maya

Billie

Hé! Est-ce que tout va bien? Tu m'inquiètes!

Maya

Non, ça ne va pas. Je ne pourrai pas faire partie de Danse-Élite. C'est trop cher.

Les premières secondes, Billie ouvre grand les yeux, choquée, mais son sourire revient presque aussitôt. Oh ! Elle a failli se faire avoir !

Billie

Bien essayé ! Hi ! Hi ! 😂
Mais je t'ai fait la même blague hier. Tu aurais pu trouver quelque chose de différent.

Maya

Ce n'est pas une blague, Billie.
On n'a pas les moyens.
Je suis désolée.

Billie

OK. C'est bon. Tu peux arrêter tes histoires. Quand est-ce qu'on commence la nouvelle chorégraphie pour notre duo?

Billie

Hé! Es-tu toujours là?

Billie

Tu commences à me faire peur.

Maya

Je te souhaite d'être choisie, Billie. Vraiment. Tu mérites de faire partie de ce programme.

Billie ne sait pas quoi répondre. Alors, c'est vrai ? Ce n'est pas une blague ? Elle n'arrive pas à croire que son amie passera à côté d'une telle occasion de faire de la danse à cause de l'argent. Elle a toujours su que les parents de Maya n'étaient pas très riches, mais elle ne se serait jamais doutée que ça puisse l'empêcher de faire du sport.

Billie

> **Ça ne se passera pas comme ça ! Je vais trouver une solution !**

Maya

Laisse tomber. C'est trop tard.

Billie

Je suis ta meilleure amie, Maya. Je ne te laisserai JAMAIS tomber, tu m'entends? Toi et moi, on va y arriver! On va trouver les sous, on va s'inscrire et on va faire un malheur le jour des auditions. Un point, c'est tout! 💕 💕 💕 💕 💕

Maya

Je te remercie, c'est très gentil. Mais je doute que ça change quelque chose. Écoute, je te laisse, OK? Mes parents sont en train de se disputer.

Billie

Encore? Veux-tu venir chez moi?

Maya

Ça ne te dérange pas?

Billie

Mais non, voyons! Je t'attends.

Maya

Merci. J'arrive.

Maya adore aller manger chez son amie. Ce soir, les jumeaux ont transporté la télé dans la salle à manger, Billie et Maya ont dressé

la table et Josie s'est occupée de choisir un film. Pendant ce temps, les parents de Billie ont préparé une **grosse** pizza et en ont distribué une pointe à chacun.

— **Miam!** C'est **vraiment bon!** s'exclame Maya, la bouche pleine. **Merci beaucoup,** c'est LA MEILLEURE PIZZA AU MONDE!

— Ça me fait plaisir, lui répond la maman de Billie, un verre de vin à la main.

— Je croyais que la meilleure pizza au monde était celle de chez **Pizzou Zou**, dit Billie pour la taquiner.

— Mais non, voyons ! proteste la petite Josie, agenouillée sur sa chaise pour mieux voir le film. Maya a raison ! Celle de maman, c'est la plus meilleure de la terre, ajoute-t-elle en ouvrant les bras très grand.

— CHUT ! dit Joey, l'un des deux jumeaux. On n'entend pas le film ! ajoute-t-il, les sourcils froncés.

Mais Billie est loin d'avoir envie de se taire. Elle a juste le goût de parler. Et de rire. Et de s'amuser.

— Est-ce qu'on peut aller manger dans ma *chambre* ? propose-t-elle à sa mère. Comme ça, Maya et moi, on ne vous dérangera pas.

— **Non, non, non.** Pas de nourriture dans les chambres, grogne-t-elle pour montrer son désaccord. Finissez votre assiette et ensuite, vous irez. HÉ ! Vas-y doucement, Billie ! lâche-t-elle, en voyant sa fille pousser le reste de sa pizza au fond de sa gorge. Tu vas t'étouffer !

— V'ai fini ! F'était fuper bon, maman ! Merfi !

— Moi aussi, ze veux aller dans la chambre de Billie, dit Josie, en prenant la plus GROSSE bouchée possible.

— Reste ici, ma toupie, lui dit monsieur Jazz, en se resservant une pointe de pizza. Les filles veulent être tranquilles.

Mais la fillette n'est pas contente. Elle serre ses petits poings et s'écrie :

— Ce n'est pas *zuste* !

— Arrêtez de parler! tonne Joey, de plus en plus impatient. **Sérieux,** on est en train de manquer la moitié du film !

— On n'a qu'à le reculer un peu, propose Tommy, l'autre jumeau. Qui a la télécommande ?

Comme d'habitude, elle est introuvable. Joey se lève pour chercher sur le canapé, Tommy regarde sous la table et Josie continue à se plaindre que c'est trop *inzuste.*

Billie profite de la distraction pour aller porter son assiette en vitesse et se sauver dans sa chambre avec Maya.

— C'est vraiment *cool,* vos soupers télé ! dit celle-ci, en se laissant tomber sur le lit, au milieu des coussins.

— Tu trouves ? Bof ! On écoute toujours des films trop bébés, proteste Billie, en refermant la porte de sa chambre. En plus, mon frère ne **tolère pas** qu'on dise un mot et ma sœur ne me lâche pas deux minutes.

Billie s'assoit sur le tapis de sa chambre, allonge les jambes et se penche vers l'avant pour étirer ses muscles endoloris.

— Laisse-lui une chance, à Josie, lui dit Maya, souriante. Elle est toute petite.

— Pas tant que ça, justement, explique Billie, en pointant les orteils. On a toujours l'impression qu'elle est plus jeune parce qu'elle est mini pour son âge et qu'elle a des difficultés à prononcer certains mots, mais elle a quand même six ans. Elle va bientôt rentrer en première année. En plus, tout est toujours trop « **inzuste** » avec elle !

— En tout cas, moi, je la trouve mignonne avec ses grands yeux noirs et ses petites couettes de cheveux frisés, déclare Maya, en reproduisant une mimique de Josie. Et tes parents sont **vraiment gentils.** Je viendrais habiter ici n'importe quand !

Billie ferme les yeux. Elle ne devrait pas se plaindre. Elle a une *belle* famille. Ses parents s'aiment, ils ont un bon travail et tout le monde est en santé. Chez Maya, c'est plus compliqué. Son père et sa mère se chicanent de plus en plus souvent. Au début, c'était pour des détails, notamment lorsque venait le temps de choisir la couleur du mur de la salle de bain ou la meilleure méthode pour faire cuire des pâtes sans qu'elles soient toutes collantes. Mais aujourd'hui, c'est différent. Ils se disputent presque tous les jours et Maya se sent coincée entre les deux.

— Hé ! **Tu dors?** demande Maya, en poussant le dos de son amie avec son pied.

— Non... Je réfléchissais.

Billie ouvre les paupières et se redresse. C'est décidé ! Rien n'empêchera Maya de participer aux auditions.

Non ! Rien ! Pas même l'argent ! Elle en fait sa priorité !

— J'ai **plein d'idées**, déclare-t-elle, en se levant pour aller chercher son cahier de notes dans le tiroir de sa table de nuit. Tu veux voir ?

— Des idées **pour quoi ?** demande Maya, soudainement intéressée.

— Pour amasser des sous.

Maya pince les lèvres et lâche un grand soupir. Puis, elle prend un coussin de velours entre ses bras et le serre bien fort, les genoux repliés, les yeux humides.

— Je t'ai déjà dit de laisser tomber, articule-t-elle, la voix étouffée. Ce n'est pas la peine.

Le programme Danse-Élite est **beaucoup trop cher.**

— Peut-être, mais les auditions sont GRATUITES, explique Billie, en venant s'asseoir à côté d'elle. Ça ne coûte rien d'essayer. Ensuite, si tu es acceptée, on a la possibilité de payer ton inscription en plusieurs versements.

— **Comment tu sais ça ?** demande Maya, en levant ses grands yeux bleus vers elle.

— Je me suis informée.

— Tu as fait ça pour moi ?

— Bien sûr, voyons! déclare Billie. Il faut bien que je serve à quelque chose, non? Alors voilà, fait la jeune fille avec enthousiasme. Je propose qu'on organise une vente-débarras. Il y a plein de **jouets** qui ne servent plus dans

mon sous-sol et c'est pareil chez toi. Ensuite, je me suis dit qu'on pourrait faire un **lave-auto.** C'est pas mal

payant. On peut aussi promener les **chiens** du quartier,

fabriquer des bracelets, vendre de la limonade, maquiller les tout-petits, laver

les fenêtres des maisons, ramasser des bouteilles

et des cannettes vides, et même aller dans la rue principale pour demander aux gens de nous aider.

— ATTENDS, tu veux qu'on demande la charité? proteste

Maya, mal à l'aise. On ne va quand même pas faire ça !

— C'est TOI qui choisis, lui dit Billie en levant les yeux de sa liste. Comme je t'ai dit, je suis

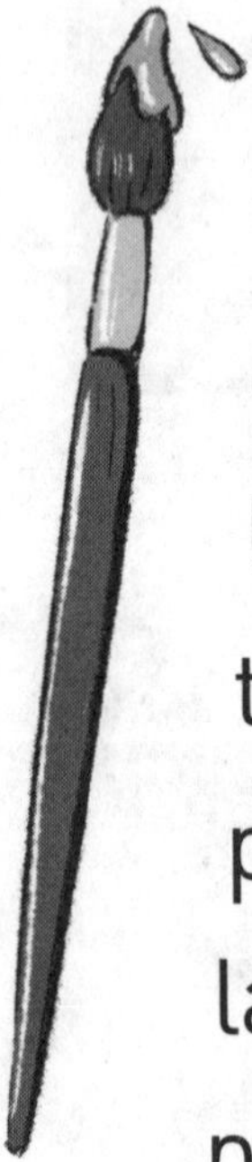

prête à tout pour t'aider. J'ai même pensé *peinturer* de GRANDES TOILES pour les vendre, mais je ne suis pas très bonne, alors on ne ferait pas beaucoup d'argent. Et la **poterie**, on n'y pense même pas. Je suis nulle en sculpture sur bois, je n'ai jamais *travaillé le cuir*.

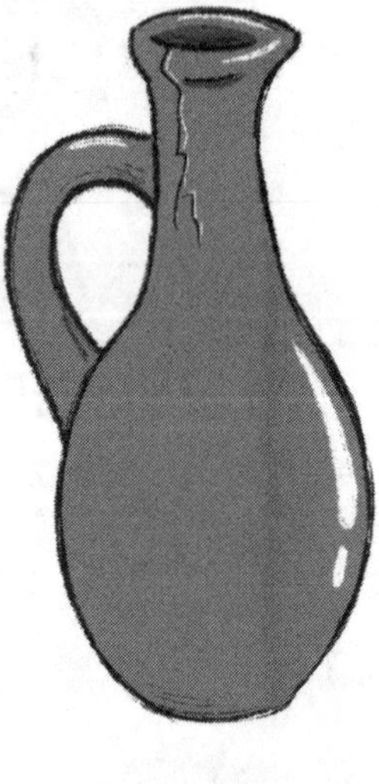

et je ne pense pas être capable de faire une grenouille en **origami** non plus.

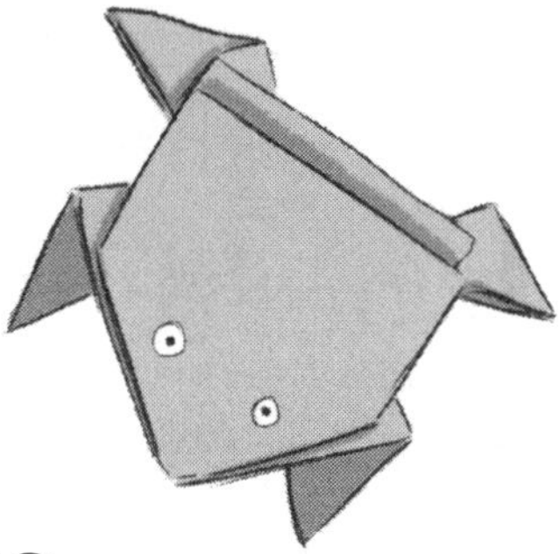

Maya **éclate de rire.** Son amie a VRAIMENT de drôles d'idées!

— On n'a pas à faire tout ça, voyons! dit-elle, en tendant la main. Montre-moi ta liste, je vais y jeter un œil.

Billie lui donne son cahier et Maya le consulte un moment.

— La vente-débarras, ça me va, annonce-t-elle. Il est temps que je me débarrasse de mes **vieux jouets**. On n'aura qu'à profiter de l'occasion pour vendre de la limonade et des bracelets.

— Et maquiller des enfants ? propose Billie, **excitée** à l'idée d'organiser tout ça.

— Oui, c'est une BONNE IDÉE, répond Maya sur un ton approbateur.

— Alors, ça y est ? C'est décidé ? demande Billie, en bondissant sur ses pieds. ON ORGANISE UNE GRANDE VENTE-DÉBARRAS ?

Maya se lève à son tour, tape dans les mains de son amie et déclare :

– **Oui, madame !**

Aujourd'hui, je me concentre sur le plus important :

J'ADORE mes parents, même s'ils ne me permettent pas de faire tout ce que je veux, comme : manger dans ma chambre, me coucher à minuit tous les soirs, écouter des films qui font peur et rouler en vélo sans mon casque.

J'ADORE ma sœur, malgré son côté « pot de colle », ses petites jambes qui ne marchent pas assez vite à mon goût et sa voix beaucoup trop aiguë.

J'ADORE mes frères. La plupart du temps, ils font comme si je n'existais

pas, mais je sais qu'ils m'aiment bien eux aussi. Parfois, ils m'achètent une tablette de chocolat au dépanneur. Si ce n'est pas de l'amour, je me demande bien ce que c'est!

Et finalement, J'ADORE ma meilleure amie. Pour tout ce qu'elle est!

NON, ma journée n'a pas été parfaite.

OUI, j'arrive à y trouver quelque chose de positif!

★ CHAPITRE 6 ★

Allez hop ! On se prépare !

Les jours suivants passent très vite pour Billie et Maya, qui ont mille et une choses à faire. Heureusement que les vacances d'été sont commencées ! Le matin, elles s'entraînent au parc et préparent leurs danses en vue des solos et des duos. L'après-midi, elles organisent tout ce qu'il

faut pour leur GRANDE VENTE-DÉBARRAS.

Elles confectionnent des affiches qu'elles accrocheront dans le quartier, elles trient leurs **vieux jouets**, elles achètent de la **limonade**, elles font le ménage de leur trousse de *maquillage* et fabriquent des tonnes et des TONNES de bracelets.

Elles sont SI EFFICACES que, le mercredi suivant, elles ont déjà presque terminé. Elles invitent même leurs amies du cours de danse.

— Une VENTE-DÉBARRAS ? s'exclame Frédérique, avant que l'échauffement ne commence. J'adore les ventes-débarras ! Je vais venir, c'est certain !

— Moi aussi ! leur assure Léa. Je vais demander à ma mère de me donner des sous.

Billie et Maya sont vraiment contentes ! Elles ont très hâte au samedi suivant. Mais en attendant, elles doivent se concentrer, puisque le cours est sur le point de commencer.

Après quelques échauffements, les filles travaillent une dernière fois leur chorégraphie pour le spectacle de fin d'année. Tout est au point. Elles l'ont répétée si souvent qu'elles la connaissent sur le bout de leurs orteils. Catherine leur propose donc de profiter des dernières minutes du cours pour se préparer en vue des auditions.

Billie se met en position et commence tout de suite à danser. La grande salle est envahie par la **musique** ; s'ensuivent des pirouettes et des sauts, des **encouragements** et des tapes sur l'épaule. Pendant ce temps, Catherine circule entre les danseuses, les mains derrière le dos, l'air sérieux. Elle hoche la tête à l'occasion, donne des conseils, corrige des postures.

— Alors ? **Où en es-tu ?** demande-t-elle à Billie, une fois arrivée à sa hauteur.

— J'ai **plein d'idées** pour mon solo ! s'exclame la jeune fille, **excitée** comme une puce.

J'ai envie de faire un numéro sur le thème du **cirque.** Qu'est-ce que tu en penses ? J'ai du **maquillage** et une **grosse perruque multicolore** à la maison, ça serait super beau ! Ou alors, je pourrais me déguiser en hot-dog, avec du ketchup et de la moutarde. Ou en pirate ! Qu'est-ce qui est mieux, tu crois ? En pirate ou en hot-dog ?

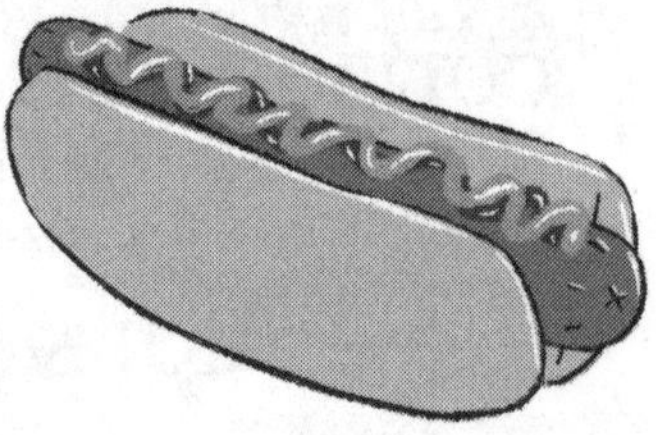

— Euh, bafouille Catherine, hésitante. C'est une audition, Billie, pas une fête d'Halloween, ajoute-t-elle en se grattant la nuque. Tu devrais trouver un costume un peu plus... un peu moins...

— Tu veux dire comme celui-ci ? demande la jeune fille, en fouillant dans son sac de sport pour en ressortir un maillot blanc, *joliment décoré* de paillettes dorées.

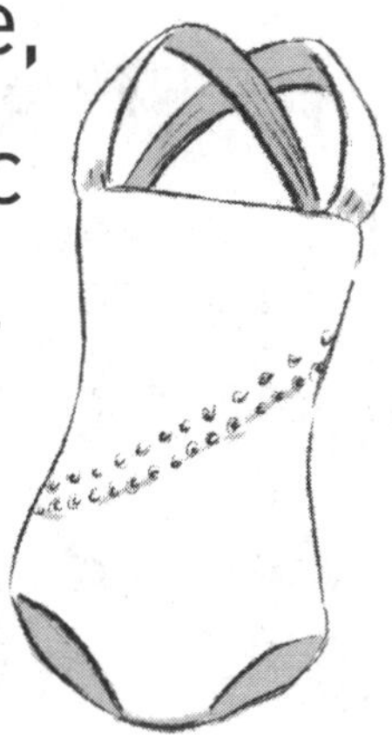

Catherine ouvre la bouche, lève les yeux sur Billie, et comprend que cette dernière lui a joué un tour, une fois de plus.

— Tu n'avais pas l'intention de te déguiser en hot-dog, n'est-ce pas ?

— Non, répond Billie en ricanant, avant d'afficher un large sourire. C'était pour rire. Ma grand-mère m'a donné ce maillot pour mon anniversaire. Il est beau, hein ?

— Vraiment très beau, avoue Catherine, en touchant le délicat tissu du bout des doigts. J'aime beaucoup quand tu portes du blanc. Ça fait ressortir ton teint foncé. Est-ce que c'est toi qui as cousu les paillettes ?

— Oui ! déclare fièrement la jeune fille. Une par une ! Et je n'ai pas fini. Je vais en ajouter un peu ici, explique-t-elle en désignant une bretelle. Et peut-être aussi dans le dos.

— C'est de **l'excellent** travail, dit son entraîneuse pour la féliciter. On dirait même que tu vas faire des jalouses, ajoute-t-elle, un sourire en coin.

En effet, quelques jeunes filles ont arrêté de *danser* ; elles ont le cou bien étiré, dans l'espoir d'apercevoir ledit maillot. Mais Billie le range en vitesse et se met en position.

— Tu peux démarrer la musique, dit-elle, les bras dans les airs. Je vais te montrer ma chorégraphie.

Catherine s'approche du système audio, appuie sur un bouton et colle son dos au mur, les bras croisés. C'est parti !

La première partie est très dynamique. C'est un mélange

de **mouvements** rapides, de pirouettes et d'acrobaties plutôt compliquées. Puis, le rythme ralentit et les déplacements de Billie se font plus en douceur. Elle aligne les GRANDS ÉCARTS et les *arabesques* en faisant preuve de grâce et d'élégance. Le numéro se termine avec un saut périlleux avant ; la jeune danseuse maîtrise parfaitement son atterrissage.

Quand la musique prend fin, une vague de cris et d'applaudissements lui vient du fond de la salle. Billie relève la tête et comprend que toutes ses amies se sont arrêtées pour la regarder danser. Une main sur la taille, légèrement penchée vers l'avant pour reprendre son souffle, elle écoute ce qu'elles ont à dire :

— **Wow !** C'était magnifique ! s'exclame Solène, sans cesser d'applaudir.

— Je ne savais pas que tu pouvais *danser* aussi bien ! ajoute Léa. Ta chorégraphie est **incroyable !**

— C'est gentil, fait Billie pour les remercier, toujours essoufflée. Est-ce que je peux aller **remplir** ma gourde, Catherine ?

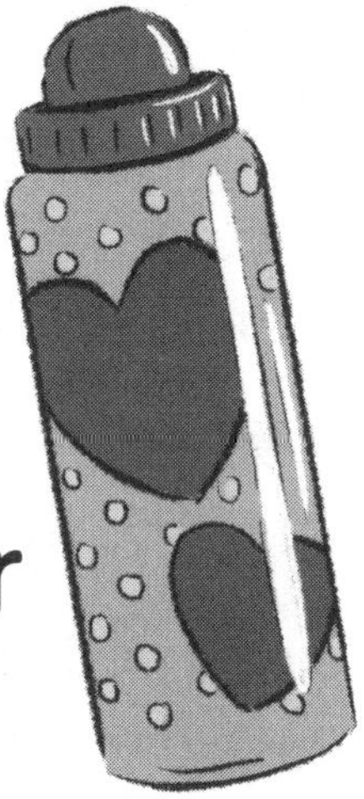

— Bien sûr ! lui répond celle-ci, le visage radieux. Je t'accompagne.

Billie se sent bien. Elle est contente que ses compagnes aient aimé sa danse. Elle prend sa bouteille et se rend dans le corridor.

— J'ai été très impressionnée par ta **performance**, murmure Catherine sur le ton de la confidence. Où as-tu appris à *danser* de cette façon ?

— Nulle part, avoue Billie, en haussant les épaules. Je m'entraîne dans ma chambre, c'est tout. Et dans ma cour. Et sur mon trampoline. Un peu partout où j'ai de la place pour bouger, dit-elle finalement, en réalisant qu'elle danse TOUT LE TEMPS. Je fais des étirements en écoutant la télé, je marche sur *les pointes* quand je suis à la maison, je pratique mes

mouvements de gymnastique sur mon lit...

— Ça fonctionne bien, conclut Catherine, **un grand sourire** aux lèvres. Tu as beaucoup de **talent**, je suis TRÈS impressionnée. Si tu veux, je peux te donner un ou deux trucs pour que ton numéro soit encore plus **spectaculaire.**

— Oh oui !

Billie remplit sa bouteille d'eau et retourne dans la grande salle. Les minutes suivantes, Catherine lui donne ses directives sous l'œil attentif — et curieux — de ses coéquipières. Billie travaille si fort qu'elle ne voit pas le temps passer.

— C'est bien, les filles ! C'est **très bien !** lance Catherine, à la fin du cours. On a terminé pour aujourd'hui. N'oubliez pas d'arriver deux heures à l'avance, ce samedi, pour le **spectacle** de fin d'année. C'est bon ? AH OUI ! J'oubliais ! ajoute-t-elle, en levant les bras pour attirer l'attention des *danseuses.* À partir de la semaine prochaine, la grande salle sera disponible tous les soirs.

Vous pourrez venir vous entraîner pour les auditions.

Billie ouvre GRAND les yeux. **Tous les soirs?** Quelle belle *nouvelle*! Elle se dépêche de ranger son matériel dans son sac de sport et court pour aller rejoindre Maya. Pas de doute, les deux filles vont être au **rendez-vous!**

De retour à la maison, Billie se dit qu'elle ne pourrait pas être plus *heureuse*.

Journée merveilleuse! Je n'y ai vu que du positif!

J'ai vu un colibri, tout à l'heure, dans notre jardin. Il était trop mignon!

J'ai retrouvé le crayon que je croyais avoir perdu depuis des semaines! Il avait roulé sous mon lit. Heureusement que j'ai fait le ménage de ma chambre; sinon, je l'aurais cru perdu à jamais.

Je peux enfin porter le pyjama que m'a donné ma cousine. Il était

beaucoup trop grand il y a quelque temps. Ça veut dire que j'ai grandi! :)

Demain, ma mère va m'acheter une nouvelle brosse à dents.

Quoi? Il n'y a pas que la danse, dans la vie! Hi! Hi!

★ CHAPITRE 7 ★

De l'eau, de l'eau et encore de l'eau !

Billie n'arrive pas à dormir. Elle a la tête pleine. On peut dire qu'elle en a vécu, des *émotions*, depuis ce matin ! Des belles et des moins belles. Bien allongée dans son lit, sa couverture relevée jusqu'au menton, elle ferme les yeux et se remémore les événements de la journée.

Elle s'est levée vers sept heures, le sourire aux lèvres et le cœur rempli de joie. ENFIN samedi ! Maya et elle allaient pouvoir s'installer pour la VENTE-DÉBARRAS ! En deux temps trois pirouettes, Billie avait fait son lit, s'était habillée et avait rejoint ses parents dans la cuisine.

— J'ai **bien** peur que votre VENTE-DÉBARRAS ne tombe à l'eau, lui avait dit son père, en lisant son journal.

— Hein ? s'était exclamée Billie. **Pourquoi ?**

Pour toute réponse, il lui avait pointé la fenêtre de la cuisine. OH ! Billie avait été si pressée de se préparer qu'elle n'avait pas remarqué qu'il pleuvait à verse.

— NON ! avait-elle crié, le visage horrifié. La météo annonçait des nuages, PAS DE LA PLUIE !

— Je suis vraiment désolée, ma chouette, avait dit sa mère, en servant un bol de céréales à sa petite sœur. Il serait plus sage de remettre votre projet à plus tard.

— **Hors de question !** avait aussitôt répliqué Billie. On va la faire quand même, notre VENTE-DÉBARRAS ! On va trouver un moyen !

Les deux amies s'étaient vite organisées. Elles avaient installé le pichet de **limonade** et la trousse à maquillage dans une petite tente et le père de Maya avait assemblé un auvent pour protéger leur table des intempéries. Mais

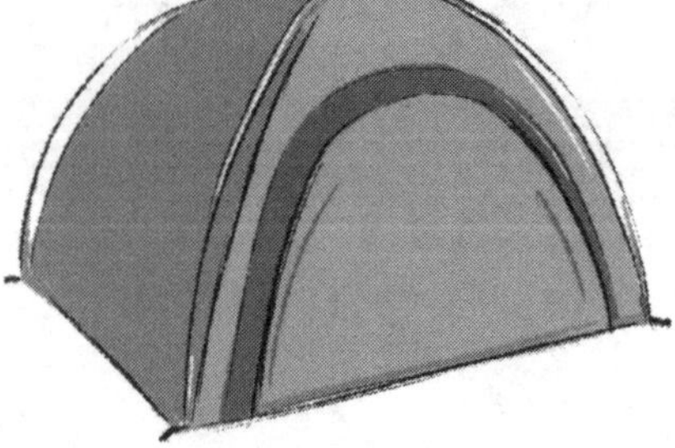

au bout d'à peine une heure, elles avaient dû se rendre à l'évidence : mieux valait ABANDONNER. Non seulement le vent poussait la pluie et mouillait leur matériel, mais en plus les clients étaient aussi rares qu'un brin d'herbe au beau milieu du désert.

— Tout ça pour RIEN ! s'était plainte Maya, les larmes aux yeux. On n'a pas un sou ! C'est fichu ! Je ne pourrai jamais m'inscrire à Danse-Élite !

Billie avait essayé d'encourager son amie, mais elle avait été forcée d'admettre que ça se présentait bien **mal**.

Une fois leur installation démontée, les deux filles étaient rentrées chacune chez elles pour se doucher et enfiler des vêtements secs. Il leur restait encore quelques heures libres avant de devoir se rendre au centre communautaire pour la présentation de leur spectacle.

— Est-ce qu'on doit VRAIMENT y aller? avait demandé l'un des jumeaux, l'air **bourru**.

— Ça va être SUPER LONG ! avait ajouté l'autre, tout aussi mécontent.

Bien assis sur le canapé du salon, les deux frères n'avaient pas levé les yeux de leur jeu vidéo. Ils faisaient tourner leurs volants de plastique de gauche à droite pour déraper dans les virages les plus serrés. Quant à Billie, elle lisait un livre en silence. Elle n'avait pas le goût d'argumenter.

— Vous allez venir tous les deux, avait répondu leur père, catégorique. Vos sœurs ont travaillé très fort toute l'année pour monter ce spectacle, il est normal de venir les **encourager.** En plus, c'est la première fois que vous allez voir Josie sur scène. Ça va être **très beau**, je vous le promets.

— **Beau ?** avait répliqué Tommy, en poussant l'épaule de son frère pour le faire dévier de sa trajectoire. **Pfft !** J'en doute ! En plus, les filles ne viennent jamais nous voir au soccer !

— Ce n'est **PAS** négociable, avait tranché monsieur Jazz en tournant les talons. Vos billets sont déjà achetés. Es-tu prête, Billie ? Tu dois être au centre communautaire dans quinze minutes.

La répétition générale, comme la journée de Billie, n'avait pas été à la hauteur de ses attentes. Léa avait eu **mal au cœur,** Maélie avait très mal géré son stress et Maya, qui ne s'était pas tout à fait remise de leur VENTE-DÉBARRAS ratée, avait dansé sans conviction. En résumé, leur chorégraphie avait été seulement belle, alors qu'elle aurait dû être *extraordinaire.* De plus, la chaleur était suffocante. Tout le monde avait rapidement eu soif.

— HÉ ! L'abreuvoir ne fonctionne plus, avait constaté Frédérique, au moment de remplir sa gourde.

Catherine avait essayé à son tour de le faire fonctionner, mais sans succès. Dans la salle de bain, le problème était pire : il n'y avait plus d'eau dans les robinets ni dans les toilettes !

— Qu'est-ce qu'on va faire ? avait demandé Léa, inquiète, qui avait senti son **mal de cœur** revenir. On n'aura rien à boire pour le reste de la soirée ? On va mourir de soif, il fait tellement chaud ! Et les spectateurs ? Ils vont **cuire** sur place !

— Pas de panique, avait dit Catherine en levant les mains pour les rassurer. Je vais tout de suite téléphoner au responsable du centre communautaire. Il trouvera bien une solution.

Mais après une série d'appels, Catherine avait dû leur annoncer la mauvaise nouvelle.

— Il y a un problème dans le réseau d'aqueduc de la ville. Ça ne sera pas réparé avant demain soir. **Économisez votre eau**, vous en aurez besoin pendant le spectacle.

C'est EXACTEMENT à ce moment que Billie avait eu un éclair de génie. Elle avait demandé à Catherine si elle pouvait lui parler en privé — leur conversation avait duré une bonne dizaine de minutes et s'était conclue avec de **grands sourires**. Elle avait appelé ses parents — encore là, elle en avait eu pour un moment — et elle avait couru rejoindre sa *best* pour lui dire qu'elle avait trouvé une solution à leur problème.

— **Quelle solution?** avait demandé Maya, intriguée.

— Tu verras !

Maya

Billie? Tu dors? 😴

Billie

Non. Je n'y arrive pas.

Maya

Moi non plus. Tu m'as fait vivre trop d'émotions aujourd'hui! 😀

Billie

Ça t'a fait plaisir?

Maya

Tellement! Tu es la meilleure amie de tous les temps. J'espère que tu le sais!

Billie

Bien sûr que je le sais! 😉

Maya

Vendre des bouteilles d'eau pendant le spectacle, c'était une idée géniale!

Billie

Ça aussi, je le sais. Hi! Hi!

Maya

Sans blague, tu remercieras tes parents et tes frères de ma part, ils ont été fantastiques!

Billie

Je pense que les jumeaux étaient bien contents de s'occuper de ça au lieu d'assister au spectacle! 😄

Maya

Peut-être, mais tes parents se sont quand même rendus au magasin à la dernière minute. Ils auraient pu dire non. En tout cas, c'était bondé de monde! On a dû amasser un gros montant!

Billie

Pas tant que ça, en fait. Mais bon, cinquante dollars, c'est mieux que rien, non?

Maya

Cinquante dollars? Ah ouais! Comme tu dis, c'est mieux que rien... Bon, je dois te laisser, il commence à être tard.

Billie

Ne te sauve pas comme ça! Qu'est-ce qu'il y a? Tu n'as pas l'air contente?

Maya

Oui, oui. Super contente. 👍

Billie

Est-ce que ça te redonnerait le sourire, si je te disais qu'en fait, on a amassé assez de sous pour payer la moitié de ton inscription à Danse-Élite?

Maya

Hein? Qu'est-ce que tu veux dire?

Billie

Le kiosque A FAIT FUREUR, Maya! Mon père est même retourné acheter des bouteilles d'eau pendant l'entracte parce qu'on les avait toutes vendues. Les gens étaient complètement déshydratés.

Ce que Billie ne dit pas à son amie, c'est qu'en plus de vendre des rafraîchissements, ses frères avaient pour mission de demander des contributions volontaires pour **aider** Maya. Ainsi, les gens qui le désiraient pouvaient donner un peu de monnaie dans un contenant prévu à cet effet. Certains d'entre eux ont été VRAIMENT généreux.

Maya

Est-ce que c'est encore une de tes blagues? Parce que si c'est le cas, je ne te trouve pas drôle, Billie Jazz!

Billie

Je te dis la vérité. Juré craché! Croix de bois, croix de fer! Je le jure sur notre amitié. Sur la tête de ma sœur et de mes parents. Sur ma tête à moi. Et même sur la tête de mes frères (quoique là, ça ne veut pas dire grand-chose).

Billie

Tu me crois, maintenant?

Billie

Maya? Tu es là?

Maya

Oui, je suis là. Je suis juste trop contente!

Billie

Tu vas bien dormir, maintenant?

Maya

Ou pas du tout! Je viens d'avoir une idée de chorégraphie pour mon solo des auditions. Je te laisse! Bonne nuit! Et merci encore! ❤️❤️❤️❤️❤️❤️

Billie

Bonne nuit! On se reparle demain. xx

Après la pluie,
le beau temps!
Maya est heureuse,
alors je suis heureuse moi aussi!
Malgré la chaleur et l'humidité, on a
brillé au spectacle aujourd'hui. Et j'ai
eu le temps de regarder ma sœur
danser. Elle était trop mignonne!
La saison de danse est terminée,
mais je vais pouvoir m'entraîner
encore plus fort pour les auditions.
Je suis prête pour la suite!
Bonne nuit! Bonsoir!

⋆ CHAPITRE 8 ⋆

On trouve de tout dans la grande salle

Le lundi suivant, Billie et Maya se rendent en vélo au centre communautaire pour s'entraîner. Elles sont d'excellente humeur. La pluie vient tout juste de cesser et Billie **s'amuse** à rouler dans les flaques d'eau pour éclabousser son amie.

— Tu crois qu'il y aura beaucoup de monde ? demande Maya, en obliquant vers la droite pour éviter de se faire arroser.

— Je ne sais pas, lui répond Billie, un grand sourire aux lèvres. Ça serait *cool* qu'on ait la grande salle juste pour nous deux.

— TELLEMENT !

Mais en arrivant sur place, les deux filles ont toute une **surprise.** Non seulement elles ne sont pas seules, mais la place est BONDÉE d'inconnus.

— Qu'est-ce que ça veut dire ? murmure Billie, en balayant la pièce du regard. Qui sont tous ces *danseurs* ? Pourquoi sont-ils là ?

— Aucune idée, chuchote Maya, étonnée.

Billie repère ses amies un peu plus loin, près d'un groupe de garçons. En les apercevant, Léa et Frédérique se précipitent à leur rencontre, **l'air complètement chamboulé.**

— Les filles ! C'EST TERRIBLE ! s'écrie Léa, en panique.

— Qu'est-ce qu'il y a ? fait Billie, de plus en plus inquiète.

— Tous ces danseurs vont se présenter aux auditions ! explique-t-elle en pointant dans leur direction.

— Ce n'est PAS possible, voyons ! réplique aussitôt Maya, les mains sur les hanches. Ils ne viennent même pas à notre école.

— Justement ! C'est ÇA qu'on ne savait pas ! Les auditions sont ouvertes à TOUT LE MONDE ! Ceux qui font de la danse, explique Léa, en levant le pouce. Ceux qui n'en font pas, ajoute-t-elle en soulevant l'index. Les garçons, les filles, les étrangers et même les habitants de la planète **Mars,** si ça se trouve, dit-elle sur un ton ironique, en agitant les doigts dans tous les sens. C'est une **catastrophe** !

Billie pince les lèvres. HUM ! Cette nouvelle vient drôlement compliquer les choses. Elles ne sont certainement pas les seules bonnes danseuses de la ville, au contraire ! Impossible de rivaliser avec les élèves du **Studio Pop**. Certains d'entre eux s'entraînent tous les jours, alors que Billie et ses compagnes suivent leurs cours au centre communautaire seulement deux fois par semaine. Catherine est très gentille et très compétente, mais elle n'a pas l'expérience ni la formation pour leur enseigner la danse à un niveau compétitif.

— Écoutez, les filles, fait Billie pour commencer, en rassemblant ses amies d'un mouvement de bras. La situation est loin d'être idéale, c'est vrai, mais j'ai confiance en nous. On a travaillé FORT toute l'année et on a acquis une bonne technique. Je ne vois pas pourquoi on ne serait pas choisies !

— Tu crois qu'on va y arriver ? demande Léa, peu rassurée.

— **Certaine!** En plus, on est les plus gentilles et les plus belles ! Ça compte, ça, non ?

Léa s'esclaffe et l'atmosphère se détend. Les filles se sentent un peu mieux, et Billie aussi. Elle sait que les auditions ne seront pas une partie de plaisir, mais elle est prête à travailler fort pour gagner sa place. Et elle va commencer pas plus tard que maintenant. Tandis qu'elle cherche un petit coin pour déposer son sac et faire quelques échauffements, une **musique** se fait entendre, enterrant toutes les autres. Le regard de Billie se promène à travers la pièce et tombe sur un groupe de jeunes qui dansent de façon parfaitement synchronisée.

Les élèves se tassent peu à peu sur le côté pour leur faire de la place. Impressionnée par la rapidité de leurs mouvements et la qualité de leur technique, Billie s'assoit au sol. Elle est fascinée. Voilà ce qu'elle aimerait accomplir, un de ces jours. Cette chorégraphie est **incroyable !** Les mouvements répétés sont à la fois *harmonieux* et extrêmement complexes. Les danseurs sont très beaux à voir. Surtout celui qui est tout à l'avant. Billie cligne des yeux à quelques reprises et reconnaît Julien.

Incroyable! Elle ne savait pas qu'il dansait ! Et encore moins qu'il dansait SI BIEN ! **Wow !**

— C'est le groupe étoile du **Studio Pop,** murmure Maélie, en s'assoyant à côté d'elle. Ils sont bons, tu ne trouves pas ?

— VRAIMENT ! admet Billie, incapable de détourner le regard.

— Ils sont trop forts pour nous ! s'exclame Maya, découragée. C'est de la compétition déloyale ! Ils vont prendre toutes les places de notre programme !

Billie aurait envie de donner raison à sa *best,* mais elle n'est pas du genre à se décourager. Elle a plutôt le tempérament d'une fonceuse, d'une battante, d'une guerrière. Et la guerre commence MAINTENANT !

Prête à faire sa place, elle se lève et s'approche du groupe étoile.

— Qu'est-ce que tu fais ? lui demande Maya, les yeux ronds. Où vas-tu ?

— **Regarde-moi bien aller!** lance-t-elle avec détermination.

Persuadée qu'elle peut arriver à les suivre, Billie se joint aux danseurs et commence à bouger à leur rythme. Elle est un peu en retard sur les mouvements, mais elle parvient à se

corriger assez vite pour ne pas avoir l'air trop dépassée. On pourrait même dire qu'elle s'en tire plutôt bien !

À un certain moment, Julien se détache des autres et s'approche de Billie, sans cesser de danser. Il tourne sur lui-même, exécute un saut groupé et invite Billie à faire comme lui. À partir de là, ils improvisent.

La jeune fille a l'impression d'être en harmonie avec Julien. Il **bouge**, elle *bouge*. Action, réaction. C'est comme s'ils avaient TOUJOURS dansé ensemble. La sensation qu'elle éprouve est si agréable qu'elle sent son énergie monter en flèche. Rien ne peut l'arrêter !

Rien, mis à part une grande poussée dans le dos. En cherchant à retrouver son équilibre pour ne pas tomber, Billie se coince le pied dans la poignée d'un sac de sport et atterrit à plat ventre sur le sol. Le visage écrasé et les genoux irrités, elle reste ainsi un moment à se demander ce qui vient de se passer. Maya accourt immédiatement pour l'aider à se relever.

— Ça va, Billie ? demande-t-elle avec **inquiétude**.

— **Moui…** Enfin, je crois, bredouille-t-elle, en se remettant lentement sur ses pieds. Je ne suis pas blessée, ajoute-t-elle, en s'essuyant les genoux. On oublie ça !

Mais Julien fait volte-face et rejoint une danseuse de son studio.

— Qu'est-ce qui te prend, Victoria ? demande-t-il, les poings serrés. Pourquoi l'as-tu poussée ?

— Je ne l'ai pas **poussée**, dit la grande rousse pour se défendre en haussant les épaules. Elle était dans mon chemin, alors je l'ai tassée. C'est ELLE qui ne sait pas se tenir debout.

— Tu aurais pu la **blesser!** renchérit Julien, le visage rouge.

— Qu'est-ce que ça change ? Tu ne la connais même pas !

Julien fronce les sourcils et choisit de s'éloigner. Il a l'air du même avis que Billie : il ne faut pas accorder trop d'importance à ce genre de personne. Victoria tourne la tête et observe la grande salle avec un air de **dégoût**. C'est un peu le brouhaha. Des dizaines de jeunes essaient de répéter en se pilant sur les pieds et en fonçant les uns dans les autres. *Pirouettes* manquées, **sauts** ratés, **chorégraphies** bâclées.

Il y a beaucoup trop de monde pour que ce soit efficace.

— Tu n'es pas obligée de rester, lui dit Billie, sans élever la voix. Tu peux t'exercer ailleurs, tu sais.

— Bonne idée, répond aussitôt Victoria, le ton hautain. Je m'en vais. Continue à **quêter** de l'argent aux autres. Ça va peut-être te permettre de t'acheter un nouveau maillot, un de ces jours, ajoute-t-elle en pointant le short et la camisole de Billie. C'est VRAIMENT trop affreux, ce que tu portes.

Sur ces paroles, elle quitte la grande salle en relevant le menton. *Quelle fille désagréable !* se dit Billie, découragée. *C'est à croire que personne ne lui a appris à vivre !*

Elle chasse Victoria de ses pensées et se tourne pour remercier Julien. Mais c'est Maya qui se trouve en face d'elle.

— **Quêter de l'argent?** lui demande-t-elle, les yeux tristes. Qu'est-ce qu'elle a voulu dire par là, Billie ?

★ CHAPITRE 9 ★

Dans un château près de chez vous

Billie sent le sang lui monter aux joues. Elle n'a AUCUNE envie de mentir à sa meilleure amie. Elle s'était abstenue de lui en parler pour ne pas l'humilier, mais elle ne veut pas garder son secret plus longtemps. Elle prend une grande inspiration et lui explique :

— Pendant le spectacle de fin d'année, mes frères n'ont pas seulement vendu des bouteilles d'eau. Ils ont aussi ramassé des sous pour t'aider à payer ton inscription à Danse-Élite.

Maya ne répond pas. Elle baisse la tête et **serre les poings**, le visage dur.

— Je voulais seulement t'aider, lui dit Billie, pour se justifier. Je me suis dit que ça te ferait plaisir.

— PLAISIR ? répète Maya, les sourcils froncés. Tu croyais que ça me ferait plaisir que tout le monde sache que mes parents sont les plus pauvres de la ville ?

— Ils ne sont PAS les plus pauvres, voyons ! répond Billie, en posant une main sur son épaule. Dis-toi que les gens étaient contents de t'aider. Ça leur a fait super plaisir ! Aucun danseur ne devrait être exclu de **Danse-Élite** parce qu'il n'a pas d'argent. C'est TROP INJUSTE !

— Oui, mais Victoria...

— Ne t'en fais pas pour Victoria, réplique Billie, sans laisser la chance à son amie de compléter sa phrase. Elle est **jalouse**, c'est tout !

— Jalouse de QUOI ? demande Maya, en lâchant un petit rire découragé. De notre **misérable** salle de danse ? De mes habits troués ou trop petits ? De nos cours donnés par une bénévole ? Sérieusement, Billie, c'est normal qu'elle se pense meilleure que nous. ELLE L'EST !

— Alors, c'est à **nous** de faire en sorte que ça change.

— Je ne vois PAS comment on va...

— En changeant d'attitude, pour commencer! l'interrompt Billie, un doigt dans les airs, à la manière d'une maîtresse d'école. À partir de maintenant, tu arrêtes de te plaindre et tu te mets au travail. **C'est clair?** Ne t'inquiète pas pour l'argent. Je m'en occupe!

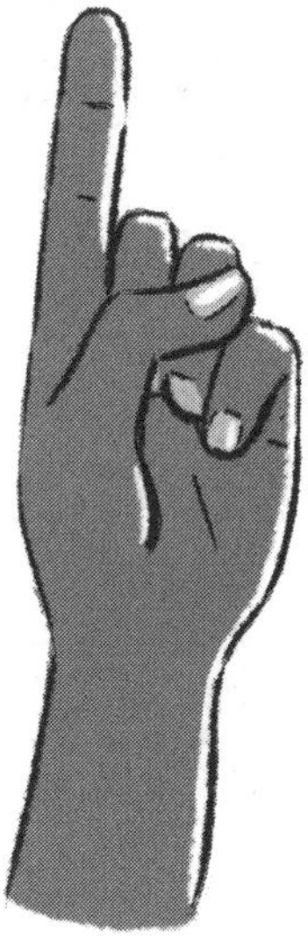

Un peu **déboussolée** par l'intensité de son amie, Maya ouvre grand les yeux et approuve d'un hochement de tête.

— Parfait! déclare Billie, plus motivée que jamais. Maintenant, on doit trouver un autre endroit pour nous exercer. Il y a beaucoup TROP de monde ici.

— J'ai ce qu'il vous faut, annonce alors Julien.

Billie et Maya tournent la tête en même temps. Le garçon se tient juste derrière elles, un grand **sourire** aux lèvres.

— Tu nous espionnes ou quoi ? lâche Maya, sur un ton un peu trop sévère au goût de Billie.

— Suivez-moi, leur dit-il simplement en tournant les talons. Vous n'allez pas être déçues.

Les deux filles se questionnent du regard. Elles ne connaissent pas vraiment Julien. Pourquoi accepteraient-elles d'aller avec lui ? En plus, leurs parents leur répètent toujours de ne pas suivre les inconnus. Sauf que Julien n'est pas vraiment un inconnu. C'est le cousin de Rose-Élie. Et un danseur du **Studio Pop.** Il ne peut rien leur arriver de mal, non ?

Billie et Maya **haussent les épaules** et décident de le suivre à l'extérieur du centre communautaire.

Le quartier résidentiel qui se trouve juste derrière regorge de maisons aux façades en pierres et aux terrains soigneusement entretenus. Billie ne saurait dire laquelle de ces propriétés est la plus *jolie*. Celle avec les IMMENSES fenêtres qui permettent de voir la piscine intérieure ou l'autre juste à côté, avec une entrée aussi grande qu'un terrain de baseball ?

— **Regarde!** s'écrie Maya, en pointant une demeure aux allures de *château*. Celle-ci est ma préférée !

— Cette MAISONNETTE ? demande Billie, d'un ton moqueur. Hum, c'est un peu trop petit à mon goût, ajoute-t-elle, avec un accent pointu. Il n'y aurait pas de place pour mes domestiques, mon majordome, mes jardiniers et mes cuisiniers.

— Oui, c'est VRAI, ajoute Maya, l'air hautain. Trouvons autre chose. Nous valons BEAUCOUP MIEUX que ça !

Les jeunes filles continuent leur marche, bras dessus bras dessous, en faisant comme si elles étaient les personnes les plus riches au monde. Au bout de quelques pas, toutefois, elles réalisent que Julien ne les suit plus.

— Qu'est-ce qu'il y a? lance Billie, les **yeux rieurs.**

— C'est ici qu'on s'arrête, répond le garçon, mal à l'aise.

C'est... C'est chez moi, ajoute-t-il en pointant la maison qui ressemble à un château.

Billie et Maya ouvrent GRAND la bouche. Julien est-il vraiment **sérieux?**

— Combien de personnes êtes-vous dans votre famille? lui demande Maya, en posant la main sur son front. **Trente-deux?**

— En fait, on est seulement trois, avoue le garçon, en se mordant la lèvre. Je sais, c'est UN PEU exagéré.

— UN PEU? grogne-t-elle, sous le choc. UN PEU? Ma maison pourrait rentrer dix fois dans la tienne ! C'est ridicule ! Tes parents sont **fous** ou quoi ?

— Ne t'en prends pas à Julien, dit Billie, un peu mal à l'aise. Ce n'est pas sa faute si ses parents ont de l'argent. N'oublie pas qu'il voulait nous montrer quelque chose.

— Oui, mais...

— **Attitude, Maya !** riposte Billie sur un ton insistant. On doit travailler notre **attitude**, ne l'oublie pas !

Une GRANDE RESPIRATION et quelques soupirs plus tard, Maya hoche la tête et suit Julien dans l'allée qui mène à son palace. Ça ne coûte rien d'aller voir, après tout.

Rendues à l'intérieur, les deux filles ont beaucoup de mal à contenir leur enthousiasme. C'est la première fois qu'elles sont en présence d'autant de *luxe*. Des plafonds presque aussi hauts que le ciel, des **luminaires** aux mille et un cristaux, un majestueux escalier de bois, des tableaux, des œuvres d'art...

— Surtout, ne touche à rien, chuchote Billie à son amie. On pourrait casser quelque chose.

— Ne t'inquiète pas ! Mon père devrait travailler jusqu'à la fin de ses jours pour remplacer un seul de ces objets !

— Venez, c'est par ici, dit Julien qui les invite en leur faisant signe avec la main.

Ensemble, les trois jeunes traversent le salon, longent un

corridor, descendent un escalier et se retrouvent au sous-sol, dans une salle de séjour. Julien se dirige vers une grande porte de bois, pose sa main sur la poignée et annonce :

— Vous serez toujours les bienvenues ici.

Puis, il ouvre bien grand. Billie et Maya n'en croient pas leurs yeux ! La pièce est presque aussi grande que la salle du centre communautaire, sauf qu'elle est cent fois plus *belle*. Le plancher est recouvert de lattes de bois verni, les murs sont tapissés de grands miroirs, l'éclairage est parfait, la décoration est inspirante, et il y a même...

— UNE BARRE DE BALLET ! s'écrie Billie, impressionnée. **Wow ! C'est incroyable !** Je ne savais pas que tes parents enseignaient la danse !

— Non, répond Julien, un peu embarrassé. Cet endroit est pour moi. Pour que je puisse m'exercer entre mes cours.

— Tu es tout seul à t'entraîner ici ? demande Billie, en tournant la tête dans tous les sens. C'est **incroyable !**

La jeune fille n'a pas de mot pour décrire ce qu'elle ressent. Cet endroit est juste PARFAIT ! Elle aurait envie de sauter partout, mais elle remarque vite que Maya ne partage pas son enthousiasme.

— Je ne comprends pas, marmonne celle-ci, la gorge serrée.

— Qu'est-ce que tu ne comprends pas ? demande Julien.

Maya ne répond pas tout de suite. Son regard explore la pièce

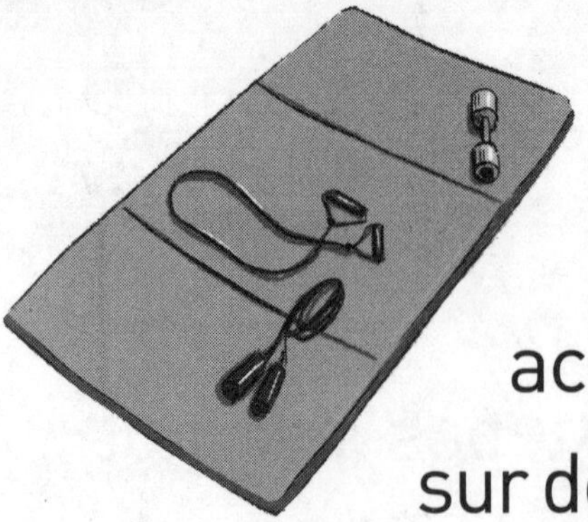

et se pose sur des haut-parleurs accrochés au plafond, sur des tapis d'exercices, des élastiques, des cordes à sauter, et même quelques poids et haltères.

— Comment peux-tu être aussi **égoïste?** demande-t-elle finalement à Julien, sans élever la voix.

— Voyons! gémit Billie, mal à l'aise. QU'EST-CE QUI TE PREND?

Maya fait signe à son amie de la laisser parler et s'adresse à nouveau à Julien:

— Pourquoi veux-tu passer les auditions ?

— Ben... Parce que...

— Tu as TA PROPRE salle d'entraînement, ajoute-t-elle, le ton un peu plus sec. Tu as tout l'équipement et l'espace qu'il te faut pour être *heureux.* Tu fais même partie du studio le plus réputé de la ville. Qu'est-ce que tu veux DE PLUS ?

— Je ne...

— Le centre communautaire est rempli de danseurs qui ne

demandent qu'à faire partie d'un VRAI studio, ajoute-t-elle, sans laisser la chance à Julien de s'expliquer. Et toi, tu vas te pointer là avec ta technique parfaite et tu vas nous voler nos places ? Des places qui nous reviennent de DROIT !

Julien ouvre la bouche pour se défendre, mais Maya poursuit sa tirade, sous l'œil ébahi de sa meilleure amie.

— Le centre communautaire, c'est comme notre **deuxième maison**, tu sauras ! On y danse depuis qu'on est toutes petites !

On se débrouille avec ce qu'on a ! On fait des campagnes de financement, on recycle du matériel, on fabrique la plupart de nos accessoires. Tout ça POURQUOI ? Pour nous permettre de pratiquer le sport qu'on **aime** le plus au **monde!** Mais ça, ça ne compte pas, pour toi, hein ? Peu importe si tu prends la place de quelqu'un qui en a vraiment besoin ?

— Si tu me laissais parler, tu comprendrais que ce n'est pas mon intention ! se défend Julien en croisant les bras.

— Bien sûr ! Va raconter ça à d'autres ! Moi, je m'en vais d'ici !

Maya fait un pas en direction de la porte, pose les mains sur les hanches et demande à Billie :

— Tu viens avec moi ou tu restes ? AH ! Et puis laisse faire, ajoute-t-elle, en voyant le visage hésitant de son amie. Je vais trouver la sortie toute seule.

★ CHAPITRE 10 ★

Cascades et crème glacée

Maya disparaît et Billie reste là, sans bouger. Elle ne sait pas quoi dire. Quand sa *best* se fâche ainsi — ce qui ne lui arrive que TRÈS RAREMENT —, il n'y a rien qu'elle puisse faire pour l'aider à se calmer. Au contraire ! Vaut mieux la laisser seule, dans ces moments-là.

— Tu ne te sauves pas avec elle ? demande Julien, en passant la main dans ses cheveux bouclés. Je suis un être **répugnant**, après tout, si on en croit ta meilleure amie.

— J'ai deux grands frères à la maison, réplique aussitôt Billie, pour détendre l'atmosphère. J'ai vu PIRE, crois-moi !

Julien esquisse un GRAND sourire. Billie le trouve très beau quand il sourit, parce que ses yeux s'illuminent et qu'une petite fossette apparaît sur sa joue gauche. Un peu gênée de se retrouver seule avec ce garçon qu'elle connaît à peine, elle glisse les mains dans les poches de sa veste et sourit à son tour.

— J'ai SUPER faim ! déclare-t-il enfin. Veux-tu manger quelque chose ?

— OK, répond-elle poliment.

— **Parfait!** Suis-moi !

Julien entraîne Billie vers son immense cuisine. Il sort de la vaisselle, des cuillères et tout ce qu'il faut pour préparer DEUX

GROS BOLS de crème glacée, nappée de sauce au chocolat. **Miam !** Billie adore le chocolat !

Ensemble, ils retournent dans la salle de danse pour déguster le tout.

— **Alors?** lance Billie, une fois assise sur un tapis bleu. Explique-moi pourquoi tu veux ABSOLUMENT passer les auditions.

— Ce n'est pas le cas, répond Julien, la bouche un peu trop pleine. Je m'en fiche pas mal, des auditions, révèle-t-il en s'essuyant la joue avec le revers de la main.

Billie dépose sa cuillère dans son bol et relève un sourcil. Pourquoi répéter avec les autres, s'il s'en fiche ?

— Mes parents ne me donnent PAS LE CHOIX, explique-t-il finalement.

— Hein ? **Pourquoi ?**

— Parce qu'ils veulent que je sois le meilleur.

La jeune fille prend le temps de réfléchir aux dernières paroles de son nouvel ami. Jamais son père et sa mère ne la forceraient à s'entraîner autant. Ils veulent qu'elle **s'amuse.** Qu'elle ait du plaisir à pratiquer son sport préféré.

— Ils visent les **Jeux olympiques** ou quoi ? lâche-t-elle, incapable de retenir ses pensées. Sérieusement ! C'est un peu exagéré, **NON** ?

— Je suis d'accord avec toi, lui confie Julien, en appuyant son dos au mur. Je n'ai pas besoin de **Danse-Élite.** J'ai déjà mes entraînements au **Studio Pop** et mes cours particuliers. C'est bien assez. C'est pour ça que je vais tout faire pour ne pas être choisi lors des auditions.

— Tu n'as qu'à dire à tes parents que ça ne t'intéresse pas. C'est plus simple, non ?

— Tu ne connais pas mes parents, toi, hein ? réplique Julien, avec un petit **rire** de découragement. Ils ne se contentent pas d'un « ça ne m'intéresse pas ». Je dois faire comme ils disent si je veux continuer à *danser*.

— *My God!* fait Billie, désolée. Ce n'est pas **drôle!** Pourquoi tu n'as rien dit à Maya, tout à l'heure ?

— Elle ne m'en a pas vraiment laissé le temps, explique-t-il, en léchant le fond de son bol de crème glacée. Elle s'est sauvée en courant.

— Oui, eh bien, je la comprends, à voir comment **tu manges!** s'exclame la jeune fille en rigolant. Tu sais que tu as du chocolat dans le FRONT ?

— Ah oui ? Attends un peu, tu vas bientôt en avoir, toi aussi !

Julien bondit sur ses pieds, les yeux brillants de malice. Voyant l'attaque de crème glacée se préparer, Billie se lève à son tour et se sauve à l'autre bout de la pièce en **rigolant.**

— Tu ne pourras JAMAIS M'ATTRAPER ! dit-elle pour le provoquer.

— C'est ce que tu crois ! Je suis SUPER RAPIDE, tu sauras !

— Ah OUI ? Même en marchant sur les **mains?** renchérit-elle.

— Quoi ? Tu me mets au **défi?** Pas de problème !

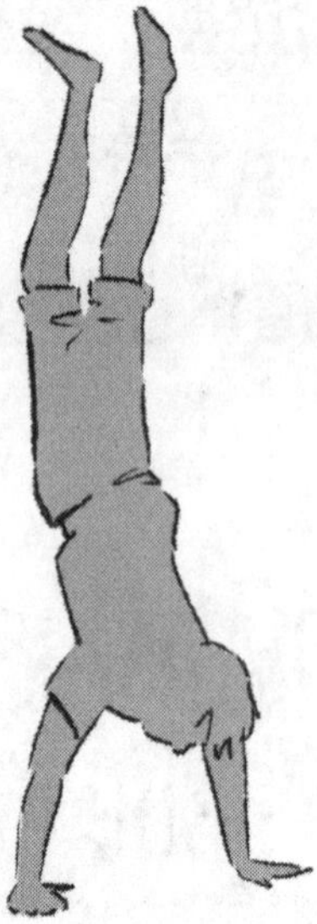

Aussitôt, Julien bascule vers l'avant, relève les pieds dans les airs et rejoint Billie en **deux** temps **trois** mouvements.

— **Wow !** Comment arrives-tu à faire ça? demande la jeune fille, IMPRESSIONNÉE. Tu es vraiment rapide !

— BAH ! C'est comme une deuxième nature pour moi, répond Julien, toujours la tête en bas.

— Combien de temps peux-tu tenir dans cette position ?

— Je ne sais pas. Longtemps, je crois. Je ne me suis jamais chronométré.

En prononçant ces paroles, Julien pose la main dans quelques gouttes de chocolat qui étaient tombées au sol et glisse sur le côté sans pouvoir se retenir.

Beding !

Bedang !

Le voilà affalé de tout son long sur le plancher de la salle de danse.

— OH! Ça va? lance Billie, inquiète, en lui tendant la main pour l'aider à se relever.

— Oui, merci! Je crois que je vais aller me laver le visage. Et les mains. Il faudrait laver ce bout de plancher aussi. Attends-moi, je reviens dans une minute.

Julien récupère les bols de crème glacée et disparaît. Pendant ce temps, Billie s'approche de la chaîne stéréo et consulte la liste de musique de Julien. **Wow!** Il y a vraiment plein de bonnes pièces, là-dedans. En un clic, elle sélectionne une de ses chansons préférées et commence à **bouger** au son de la mélodie.

C'est chaque fois la même chose. Elle laisse la musique se répandre dans son corps et guider ses mouvements. RIEN ne peut l'arrêter. Ses jambes la transportent d'un côté à l'autre de la salle, ses bras bougent avec *élégance*, son corps ondule comme les vagues de l'océan. Billie enchaîne les pas complexes, les sauts et les pirouettes, sans réaliser que Julien est déjà de retour.

Billie

Maya? Es-tu là?

Billie

Qu'est-ce que tu fais? J'essaie de t'appeler depuis tout à l'heure! Pourquoi ne réponds-tu pas au téléphone? 😟

Maya

Maya n'est pas là.

Billie

Qui est aux commandes de son iPod, alors? Et qu'avez-vous fait de mon amie?

Maya

Je suis le robot automatisé conçu spécialement pour répondre à vos textos.

Billie

Ha! Ha! Très drôle! 😜 Je vois que tu es encore fâchée.

Maya

Moi, non. Je suis un robot. Je n'ai pas d'émotions. Mais Maya est encore très en colère. 😠

Billie

Il n'y a pas de quoi être en colère, pourtant. Si tu n'étais pas partie si vite... Oups! Je veux dire: si MAYA n'était pas partie si vite, elle aurait compris.

Maya

Compris quoi? Il n'y a rien à comprendre.

Billie

Julien est super gentil. Il ne veut prendre la place de personne. Il n'a même pas envie de faire les auditions.

Maya

Mais oui! C'est ça! 😔

Billie

Je te le dis!

Billie

Je t'expliquerai tout ça quand on se verra. Tu passes toujours la journée chez nous demain?

Billie

Je parle à Maya, pas au robot! Je n'ai aucune envie de m'amuser avec un truc de métal qui résonne comme une boîte de conserve. 😄

Maya

MDR! Oui, ma mère va venir me reconduire en allant travailler. Au fait, elle a peut-être trouvé un moyen de payer mon inscription à Danse-Élite.

Billie

QUOI? Et c'est maintenant que tu me le dis?

Maya

Relaxe! Elle m'a appris ça tout à l'heure. Et ce n'est pas réglé. Elle doit s'occuper d'un truc avant de savoir si ça fonctionne ou pas.

Billie

Quel truc?

Maya

Aucune idée. J'en saurai plus dans les prochains jours.

Billie

OK. J'ai hâte de savoir!
Mais en attendant, tu dois te concentrer sur les auditions.
CINQ JOURS! Il ne reste que cinq jours pour nous préparer.

Maya

👍 On va y arriver! Je dois y aller, ma mère veut que je l'aide à préparer le souper.

Billie

À demain!

Maya

À demain! 😉

Ma journée a vraiment mal commencé quand j'ai vu tous les danseurs rassemblés au centre communautaire, mais elle s'est terminée en beauté! Voici ce que j'ai préféré:

- J'ai dansé avec le groupe étoile du Studio Pop et je me suis super bien débrouillée!

- J'ai visité la plus belle maison au monde, j'ai mangé de la crème glacée et j'ai inventé une chorégraphie trop géniale avec mon nouvel ami.

- Je sais que j'ai déjà écrit que je ne devais pas m'intéresser aux garçons, mais aujourd'hui, je n'ai pas pu m'empêcher de m'imaginer en train d'embrasser Julien. Quoi? Il est gentil, il est mignon, et c'est le meilleur danseur de tous les temps! Terminé. Je pense à autre chose. Je n'aurais jamais le courage de lui dire ce que je ressens. C'est beaucoup trop gênant! Il n'y a qu'à toi que je peux raconter tout ça.

♡ La mère de Maya va nous sauver la vie en lui permettant de faire partie de Danse-Élite. Je ne sais pas où elle va trouver les sous, mais je lui fais confiance! On en saura plus très bientôt.

D'ici là, je vais répéter, répéter et encore répéter!

La vie est belle! ♡

★ CHAPITRE 11 ★

Prête pour les auditions

Billie

SALUT! JE SUIS SUPER EXCITÉE!

Billie

C'est le grand jour!

Billie

Hé! Es-tu réveillée? C'est bientôt l'heure de partir!

Billie

Maya? Youhou!

Billie attend la réponse de sa meilleure amie, mais elle ne vient pas. Légèrement inquiète, elle décide de lui téléphoner, mais encore là, il n'y a pas de réponse. Elle sort de sa chambre et se précipite dans la salle à manger.

— MAMAN ! MAYA NE RÉPOND PAS AU TÉLÉPHONE ! s'écrie-t-elle, dans tous ses états.

— Et alors ? demande sa mère, sans lever les yeux de son journal.

— Il se passe quelque chose, c'est certain ! Quelque chose de **grave** !

— Je te trouve un peu dramatique, ma sauterelle. Ça nous arrive de ne pas répondre au téléphone, quand on veut être tranquilles.

— Oui, mais là, c'est différent ! dit Billie, en secouant la tête. C'est LE jour des auditions ! Personne ne veut être tranquille le jour des auditions, voyons ! OH ! J'espère qu'elle n'est pas **malade**, ajoute-t-elle, en tournant autour de la table, nerveuse. Et si elle était à l'hôpital ? Si sa maison était passée au **feu** pendant la nuit ? Si elle s'était fait ATTAQUER par un **voleur** et qu'elle gisait inconsciente dans son lit, SEULE et ABANDONNÉE ?

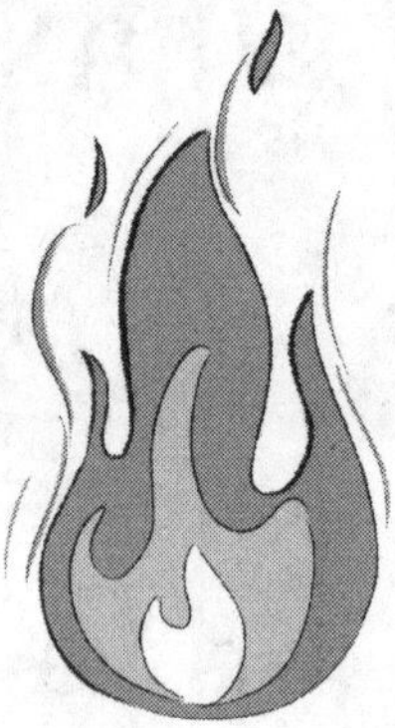

— Elle est peut-être juste partie plus tôt, propose madame Jazz, en coupant ses œufs avec sa fourchette.

— Mais NON, voyons ! C'est impossible ! lâche Billie, de plus en plus impatiente. On devait aller aux auditions ENSEMBLE !

— Ça arrive à tout le monde de changer d'idée.

— Tu ne comprends pas ! C'est...

— HÉ ! lâche Joey d'une voix grave, du haut de l'escalier. As-tu bientôt fini de CRIER ? J'essaie de dormir, moi !

— Désolée ! dit Billie en baissant un peu le ton. De toute façon, je m'en vais.

— Veux-tu que j'aille te reconduire ? propose son père, en arrivant avec Josie dans les bras, le visage endormi et les yeux collés.

— Euh, NON, dit la jeune fille, le nez retroussé. Pas question que les autres te voient comme ça, ajoute-t-elle, en pointant ses cheveux en bataille et son vieux pyjama. De toute façon, je veux passer chez Maya avant d'aller au centre communautaire.

— Je croyais que les auditions commençaient À HUIT HEURES, mentionne-t-il, en consultant *l'horloge* de la cuisine. Tu risques d'être en **retard** si tu vas chez Maya.

Billie grogne un coup. Son père a raison. Non seulement elle doit se dépêcher, mais elle est loin d'avoir le temps de se rendre chez sa *best* avant les inscriptions officielles.

— Ze te souhaite bonne chance, lui dit Josie, un **grand sourire** aux lèvres. Tu vas être SUPER bonne, z'en suis sûre !

— **Merci, Josie!** Je vais penser à toi pendant mon solo, d'accord ?

— D'accord !

Billie salue ses parents, embrasse sa sœur, agrippe son sac de sport et sort de la maison, l'estomac rempli de papillons. **C'est parti!**

Les inscriptions ont lieu dans le hall d'entrée du centre communautaire. Billie savait qu'il y aurait beaucoup de monde, mais elle ne s'attendait pas à une si **grande**

foule. Elle se présente à la table des bénévoles, donne son nom, récupère le numéro qu'on lui donne afin de l'épingler sur sa camisole et entre dans la grande salle, là où tous les danseurs sont réunis.

Où est Maya ? Billie examine les lieux et demande à tous ceux qu'elle connaît s'ils ont vu son amie, mais personne ne l'a aperçue. Elle lui envoie un autre message sur son iPod. Que lui

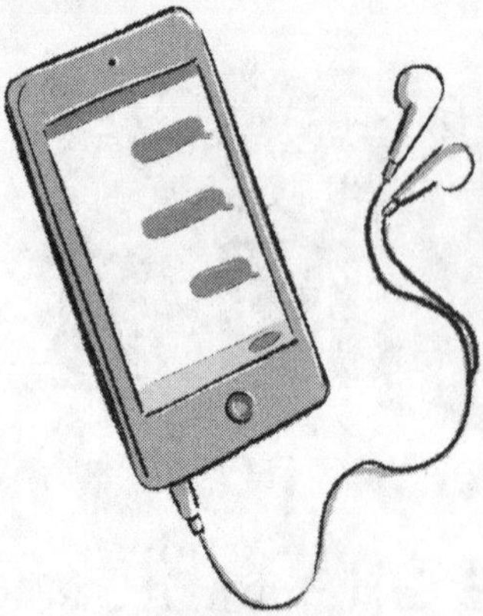

est-il arrivé ? De plus en plus inquiète, la jeune fille sent une grosse boule se former au creux de son estomac. Si Maya ne se présente pas aux auditions, elle ne pourra pas faire partie de **Danse-Élite**, c'est certain !

Soudain, une femme aux cheveux noirs grimpe sur un podium en bois pour que tout le monde puisse la voir. À côté d'elle, un jeune homme bien musclé lève le bras pour attirer l'attention. Le silence s'installe peu à peu, jusqu'à ce qu'on n'entende plus que des murmures.

— Bonjour à toutes et à tous ! Mon nom est Estelle et voici mon coéquipier, Matthew. Nous sommes les entraîneurs responsables des sélections. Si vous le voulez bien, je vais prendre quelques minutes pour vous expliquer le déroulement de notre journée.

Billie sort son iPod de sa poche pour une dixième fois. Aucun message. Puis, elle écoute distraitement les directives d'Estelle.

Les auditions seront divisées en trois parties: la chorégraphie de groupe, les duos et enfin les solos. Plusieurs danseurs seront éliminés après chacune de ces étapes. Les vingt meilleurs feront partie de Danse-Élite.

— Ceux et celles qui se sont vu attribuer les numéros un à trente, suivez-moi, s'il vous plaît. Les autres peuvent attendre dans la grande salle.

L'excitation est palpable. Des petits cris se font entendre, des encouragements; on se tape dans le dos. Billie regarde les premiers danseurs s'éloigner dans un long corridor. Parmi eux, il y a Frédérique et Solène. Billie aimerait leur souhaiter **bonne chance**, mais ses deux amies ont déjà disparu avec les autres. Elle reste donc dans la grande salle à faire des étirements. Mais la jeune fille a beaucoup de mal à se concentrer. Elle n'arrête pas de penser à Maya.

Alors qu'elle s'apprête à lui écrire un centième message, elle sent une main se poser sur son épaule. Billie se retourne en un éclair, prête à serrer son amie bien fort dans ses bras. Mais ce n'est pas Maya. C'est Julien.

Billie n'y peut rien. Elle lui donne un coup de poing sur le bras pour passer sa frustration.

— **Aïe !** s'écrie-t-il pour se plaindre ; il ne comprend pas ce qu'il a fait pour mériter ce coup. QU'EST-CE QUI TE PREND ?

— Je suis désolée, marmonne Billie, en baissant la tête pour cacher les larmes qui lui montent aux yeux.

— Qu'est-ce qu'il y a ? demande Julien. Tu n'as pas l'air en forme.

— C'est à cause de Maya ! Elle...

Une vibration se fait sentir dans la main de Billie. OH ! C'est Maya !

Maya

Je vais être en retard, mais j'arrive!

Le cœur de Billie **explose** de joie ! Elle est si contente qu'elle s'élance dans les bras de Julien, qui reste figé de surprise.

— Maya est en vie ! s'exclame-t-elle, en sautant sur place. Elle est EN VIE, tu imagines ?

— Euh... Est-ce qu'elle était censée être MORTE ?

— OUI ! NON ! Peut-être un peu ! Je ne sais pas !

Amusé par l'enthousiasme de son amie, Julien éclate de rire et tape dans la main de la jeune fille. Il ne sait pas pourquoi elle est si contente, mais il partage sa **joie**. Billie aimerait écrire à Maya pour savoir ce qui l'a mise en retard, mais ce n'est pas le moment de la déranger. Elle doit se dépêcher si elle veut arriver à temps pour son numéro de groupe.

Le sourire aux lèvres et le cœur léger, Billie ferme les yeux. Cette fois, c'est **vraiment** parti ! Elle peut enfin se préparer pour son AUDITION.

★ CHAPITRE 12 ★

Première ronde : le numéro de groupe

C'est maintenant au tour de Billie de se présenter pour le numéro de groupe. Matthew est venu chercher les danseurs dans la GRANDE SALLE et les guide à présent jusqu'au nouveau studio. Billie aurait préféré ne pas danser en même temps que Victoria, mais elle n'y peut rien. Au moins, elle est dans le même groupe que Léa et Maélie.

En pénétrant dans la pièce fraîchement construite, les élèves ont le souffle coupé.

— Wow ! C'est magnifique ! s'exclame Billie, en promenant son regard sur les lieux. ÇA, c'est un VRAI studio de danse !

— OK ! lâche Estelle d'une voix forte, en refermant la porte derrière elle. Placez-vous le long du mur, je vais vous montrer la chorégraphie. Allez, HOP ! On se dépêche !

Autour de Billie, les danseurs s'activent et des commentaires se font entendre :

— BEN LÀ ! On n'est pas dans l'armée, quand même ! dit Maélie en ronchonnant.

— Pousse-toi un peu, c'est moi qui étais là ! murmure un garçon, en bousculant un autre danseur.

— **J'ai mal au cœur !** Je pense que je vais vomir, déclare Léa en se plaignant.

— ATTENTION ! Tu me marches sur les pieds !

Billie ne porte pas attention à tout ce **brouhaha.** Elle est trop concentrée pour se laisser distraire. Son objectif est simple : ne pas quitter Estelle des yeux une seule seconde. Elle veut mémoriser la chorégraphie du premier coup. Pour la plupart des gens, cette mission est impossible, mais pas pour Billie. Elle a une incroyable capacité à retenir les enchaînements, même quand elle les voit pour la première fois.

Estelle se place à l'avant de la salle, démarre la musique et commence à danser. Billie ose à peine cligner des yeux de peur de manquer un détail important. Mais tout va bien, les mouvements ne sont pas trop compliqués. Quand la musique s'arrête, Billie respire un peu mieux. Elle devrait y arriver.

Tandis qu'Estelle prend une gorgée d'eau, Matthew invite les danseurs à se placer en rang.

— Je vais refaire la chorégraphie avec vous, explique-t-il en retirant la veste accrochée autour de sa taille pour la déposer au sol. Essayez de la faire en même temps que moi. Ensuite, vous la travaillerez chacun de votre côté.

Encore une fois, les lamentations redoublent.

— Je n'y arriverai jamais !

— Quinze minutes pour apprendre TOUS les mouvements ? demande Léa, en posant une main sur son front. Ils nous prennent pour des **robots** ou quoi ?

— Faisons tout simplement de notre mieux, propose Billie, en se positionnant dans la deuxième rangée.

Le cerveau de la jeune fille efface toute distraction de son esprit. Dès que Matthew donne le signal, elle se sent seule au monde. Il n'y a plus qu'elle. Le plancher. *La musique.* Elle arrive à effectuer tous les mouvements de la chorégraphie sans se tromper une seule fois. Évidemment, ses gestes sont parfois décalés et peut-être un peu saccadés, mais elle est tout de même très fière de sa première tentative. Quand la musique arrête, Billie reste en position (à genoux, les bras levés au ciel et la tête penchée vers l'arrière), et le silence s'installe.

Un silence inquiétant.

Estelle se faufile entre les danseurs et s'approche de Billie, le visage grave.

— Où as-tu appris cette chorégraphie ? lui demande-t-elle, en posant les mains sur les hanches.

— EUH... Ici même, il y a quelques minutes, explique la jeune fille, les genoux toujours au sol.

— C'est **impossible,** martèle Estelle. Dis-moi la vérité.

— Mais **c'est** la vérité ! répond Billie, en sentant sa gorge se serrer.

Dans la salle, tout le monde observe la scène avec intérêt. POURQUOI Billie inventerait-elle une telle histoire ? Qu'aurait-elle à y gagner ? Elle se lève, avale sa salive avec difficulté et s'apprête à fournir plus d'explications, quand Victoria décide de s'en mêler.

— Je suis **sûre** qu'elle a espionné le groupe qui était là avant nous ! lâche-t-elle, le ton accusateur.

— Bien sûr que NON ! dit Billie pour se défendre, les mains levées. Je ne suis pas une tricheuse, voyons !

— Menteuse !

— **Bon, bon, bon ! Ça suffit !** crie Matthew, pour calmer le jeu. Billie, dit-il d'un air grave, j'ai besoin de connaître la **vérité.** As-tu espionné les danseurs qui ont passé l'audition avant toi ?

— NON ! Bien sûr que NON !

— **Personne** ne peut mémoriser une chorégraphie du premier coup.

— Moi, SI ! assure la jeune fille. Je vous le dis, c'est la vérité ! Et je peux le prouver ! J'ai vu Victoria répéter son solo, tout à l'heure, explique-t-elle, en essayant de retrouver le contrôle de sa voix. Je peux le faire, je le connais **par cœur.**

— Je l'ai exécuté seulement **deux fois,** lui fait remarquer Victoria. Tu ne peux pas l'avoir mémorisé en si peu de temps !

Billie pointe sa tempe avec l'un de ses index et lui confie :

— C'est **là-dedans**. Je te montre ça, si tu veux.

Dans la salle, tout le monde regarde Billie comme si elle sortait d'une boîte à surprise. PERSONNE ne la croit capable de réussir un tel exploit. Surtout pas Estelle. Cette dernière esquisse un sourire et **ordonne** avec autorité :

— OK. Tout le monde contre le mur ! On va voir si Billie nous dit la vérité. Dans le cas contraire, elle sera éliminée SUR-LE-CHAMP.

Une **grosse boule** se forme dans l'estomac de Billie. Éliminée ? Mais c'est INJUSTE ! Elle sent la main de Léa se poser sur son épaule, et une vague de courage l'envahit. Billie serre les dents et prend une grande respiration pour chasser sa nervosité.

— Ça va bien aller, murmure-t-elle pour elle-même.

Une fois qu'elle commence à danser, la jeune fille sent l'angoisse la quitter. Elle se souvient de **chaque** posture, de **chaque** pirouette, de **chaque** saut et de

chaque jeu de jambes. Quand la musique prend fin, Estelle consulte Victoria du regard. Celle-ci hoche la tête avec mécontentement. Billie a réussi !

— C'EST BON ! annonce la responsable, sans lui accorder un regard. Tu restes dans la course. Mais la mémoire, ce n'est pas tout. Il faut aussi avoir une bonne technique. Je m'attends à ce que ta chorégraphie soit au point dans quinze minutes. Tu peux te placer au fond de la salle, si tu veux. Les autres ! s'écrie-t-elle, pour attirer l'attention, reprenez vos rangs, on a du pain sur la planche !

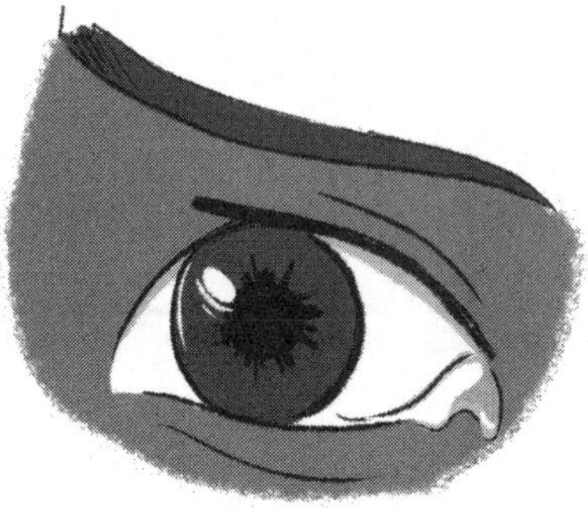

Billie est un peu confuse. Pourquoi Estelle la traite-t-elle aussi **durement ?** A-t-elle fait quelque chose de mal ? Elle essuie discrètement la petite larme qui était en train de se former au coin de son œil, et prend une grande respiration. Estelle veut un numéro au point ? Elle va être servie !

La jeune fille secoue ses mains pour évacuer la tension et se met au travail. Pas facile de se concentrer pendant que le reste du groupe répète ensemble, mais Billie essaie de ne pas y porter attention. Quand Estelle frappe dans ses mains pour annoncer la fin de la répétition, elle se sent prête.

— OK! C'est le moment de me montrer ce que vous avez dans le ventre. Vous allez refaire la chorégraphie une dernière fois. Tout le monde en même temps. Si vous sentez que je touche votre épaule, c'est signe que vous pouvez retourner chez vous.

— **Quoi ?** Vous allez éliminer des danseurs PENDANT la danse ? demande un garçon, le teint blême.

— **Exactement !** répond Estelle, en hochant la tête.

Des murmures parcourent la salle, mais PERSONNE n'ose protester à voix haute. Billie lève les yeux et regarde autour d'elle. Dans quelques minutes, la moitié des danseurs sera éliminée. Mais pas elle ! **Parole de Billie !** Elle va tout donner. Elle va danser comme elle n'a jamais dansé.

Estelle ne l'aime peut-être pas beaucoup, mais elle va lui montrer qu'elle a sa place dans cette école !

— En position, tout le monde ! C'est parti !

La musique commence. Matthew observe la scène de loin, tandis qu'Estelle se faufile entre les danseurs. Il ne lui faut que quelques secondes pour toucher l'épaule d'un garçon qui éprouve un peu plus de difficultés. Puis, elle s'approche d'une fille et... Éliminée ! Et **encore** une autre ! Quand elle arrive à côté de Billie et qu'elle lève le bras, la jeune fille sent son cœur battre de toutes ses forces. Elle continue sa danse comme si elle n'avait pas remarqué l'entraîneuse. Le plus surprenant, c'est qu'Estelle ne touche pas son épaule. Elle lève plutôt le pouce pour l'encourager à continuer. OUF ! Billie respire mieux !

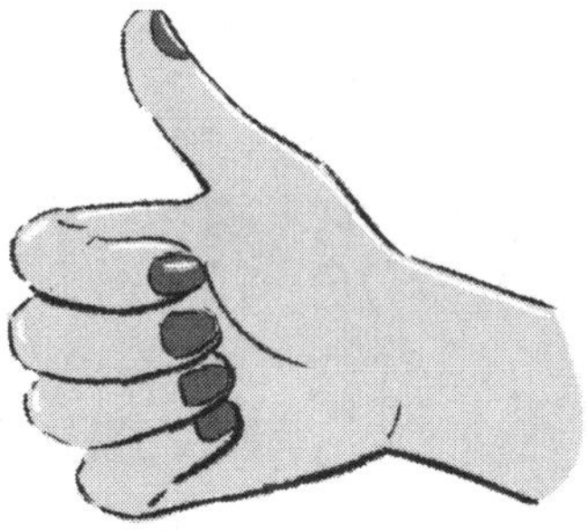

À la toute fin, la salle est partagée en deux. D'un côté, les danseurs évincés, qui s'empressent de quitter les lieux, la tête basse et les larmes aux yeux, et de l'autre, les *danseurs* qui se félicitent, soulagés, et qui se **sautent** dans les bras pour partager leur joie. Parmi eux se trouvent Léa et Maélie.

Billie est contente, mais elle ne célèbre pas avec ses amies. Elle a peut-être réussi la première étape, mais elle n'a pas franchi le fil d'arrivée pour autant. Inutile de crier victoire trop vite. Pressée de retrouver Maya, elle récupère ses affaires et sort de la salle à la hâte.

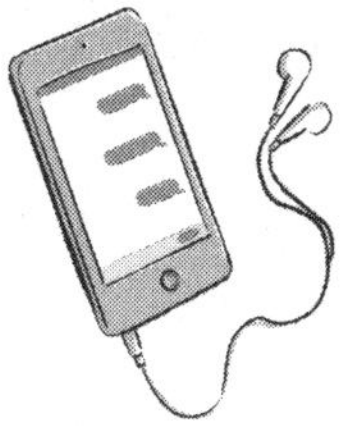

★CHAPITRE 13★

Le temps des confidences

Maya fait partie du groupe suivant, alors Billie n'a pas le temps de lui parler. Elle ne fait que la croiser dans le long corridor, tandis que Matthew les raccompagne dans la grande salle. Au moment où Billie pose les yeux sur son amie, elle comprend qu'elle ne va pas bien du tout.

Ses yeux sont rouges et elle a le nez qui coule. OH ! Elle a pleuré ?

Que se passe-t-il ?

Inquiète pour sa *best*, Billie la suit du regard, jusqu'à ce qu'elle disparaisse de sa vue. Puis, elle se trouve un petit coin pour s'asseoir dans la grande salle, le cœur à l'envers.

Elle n'arrive pas à penser à la suite. Non. Elle ne pense qu'à Maya et aux mille et une questions qui lui viennent en tête.

La vibration de son iPod la tire de ses pensées.

Julien

Je vois que tu es toujours dans la course! Bravo! 👍

Billie relève la tête et aperçoit le garçon. Il est assis un peu plus loin avec les autres membres du **Studio Pop**. Elle se frotte le front avec la main pour essayer de retrouver ses esprits et écrit :

Billie

Toujours là toi aussi!
Tu n'étais pas censé saboter ton audition? 😳

Julien

C'est ce que j'ai essayé de faire.

Billie

Tu n'as pas essayé assez fort, on dirait!

Julien

Ce n'est pas ma faute si je suis doté d'un talent inégalable! 😉 Sans blague, j'ai dansé n'importe comment. J'ai même fait exprès de tomber à la fin de la chorégraphie.

Seule devant son écran, Billie esquisse un sourire. Au moins, Julien arrive à lui changer les idées.

Billie

Pour vrai? J'aurais aimé être là pour voir ça! Tu ne t'es pas fait mal, j'espère?

Au loin, Julien lève un bras pour lui montrer son coude blessé. Billie plisse les yeux.

Billie

C'est juste une éraflure! Je te croyais plus résistant. Tu veux que j'appelle tes parents?

Julien

Ne te moque pas de moi!
Ça fait très mal, tu sauras!

Julien

En plus, j'ai fait ça pour rien.
Estelle m'a dit que c'était une
belle façon de varier le numéro
et qu'elle admirait mon
initiative et ma créativité.

Billie

C'est peut-être mieux ainsi.
Tes parents auraient trouvé
étrange que tu sois éliminé
dès la première ronde.

Julien

C'est vrai, je n'y avais pas pensé. Et ton amie Maya, ça s'est bien passé pour elle aussi?

Billie

Elle est encore dans le studio. Mais j'ai un peu peur. Elle n'a pas l'air dans son assiette.

Julien

Comment ça?

Billie

Je ne sais pas. Elle est arrivée en retard aux auditions et elle avait l'air d'avoir pleuré, quand je l'ai croisée, tout à l'heure.

Julien

Hum... As-tu pensé à un plan B?

Billie

Un plan B? Qu'est-ce que tu veux dire?

Julien

On pourrait faire le duo ensemble.

Billie

C'est gentil, mais je suis déjà en équipe avec Maya.

Julien

Oui, je sais. C'est pour ça que je veux te proposer une autre possibilité. Si ton amie ne va pas bien, elle risque de te nuire, tu ne crois pas?

Billie cligne les yeux. A-t-elle **bien lu?**

Billie

Tu me proposes de laisser tomber ma meilleure amie?

Julien

C'est la dernière ronde avant les solos. Tu dois mettre toutes les chances de ton côté si tu veux te rendre jusqu'au bout.

Billie

C'est SÛR que je veux me rendre jusqu'au bout! Mais pas à n'importe quel prix!

Billie

Je reste avec Maya, quoi qu'il arrive!

Billie

J'ai TOUJOURS été avec elle. Je ne l'ai jamais abandonnée! Même si... Même si... Ah! Oublie ça!

Billie **serre les dents** et tente de retenir ses larmes par tous les moyens. Les jambes relevées et le visage caché entre les mains, elle ne peut faire autrement que de s'inquiéter pour sa *meilleure amie*.

Julien a rangé son iPod pour s'approcher en silence de Billie; il murmure à son oreille :

— Je crois que je viens de comprendre. Et je t'admire pour ça.

— De QUOI tu parles ? demande la jeune fille en relevant la tête.

— Tu t'es contentée de tes cours au centre communautaire pour rester auprès de Maya, mais au fond, tu aurais préféré faire partie du **Studio Pop**, n'est-ce pas ?

Billie écarquille les yeux. Comment Julien a-t-il deviné ?

Elle RÊVE de faire partie de ce studio depuis qu'elle est toute petite. Seulement, son amitié avec Maya est plus importante à ses yeux. L'inscription, les costumes, les maillots, les compétitions, c'est TRÈS dispendieux. Jamais les parents de Maya n'auraient les moyens de payer TOUT ÇA. Elle préfère donc s'en passer plutôt que d'abandonner sa *meilleure amie*. Mais elle a toujours trouvé difficile de voir ces danseurs enchaîner les compétitions, pendant qu'elle devait se contenter de présenter un spectacle aux parents à la fin de l'année.

— **Tu as raison**, marmonne Billie, en pinçant les lèvres. Mais ne le dis pas à Maya, d'accord ?

— C'est **promis**, lui assure Julien. Je te souhaite vraiment d'être choisie, ajoute-t-il, en se levant. Tu le mérites. Et si tu changes d'idée pour ton duo, fais-moi signe, je ne serai pas très loin. Je pense qu'on ferait un malheur, tous les deux.

Billie ne répond pas. Elle regarde le garçon s'éloigner et laisse un grand soupir s'échapper de sa poitrine. La danse, c'est ce qu'elle aime le plus au monde. Et danser avec Julien, c'est encore mieux. Mais ce rêve ne se réalisera jamais.

Elle ferme les yeux pour se **convaincre** que TOUT se passera bien avec Maya, quand une présence se fait sentir à ses côtés.

— **Maya !** s'exclame Billie, en constatant que sa *best* est revenue. Et puis ? Comment ça s'est passé ? demande-t-elle en l'enserrant dans ses bras. Est-ce qu'Estelle a été gentille avec toi ?

Est-ce que tu es encore dans la course ? **Je veux tout savoir !**

Mais au lieu de répondre, Maya éclate en sanglots.

— HÉ ! Qu'est-ce qu'il y a ? demande Billie, inquiète, en prenant le visage de son amie dans ses mains pour mieux le regarder. Ne me dis pas que tu as été éliminée ?

Maya secoue la tête de gauche à droite et annonce, complètement dévastée :

— Mes parents vont se séparer.

★ CHAPITRE 14 ★

Deuxième ronde : les duos

Billie et Maya sont sur le point de commencer à danser en duo. Billie est nerveuse. Elle ne sait pas si sa partenaire sera capable de faire bonne figure.

Pourtant, elle a tout fait pour lui venir en aide. Elle l'a emmenée à l'extérieur prendre un peu d'air

— afin de la mettre à l'abri des regards curieux et l'éloigner de cette peste de Victoria —, elle l'a écoutée lui raconter ce qui s'était passé, elle l'a serrée dans ses bras, l'a encouragée, lui a dit que tout irait bien et lui a rappelé qu'elle était sur le point de réaliser **son plus grand rêve**, malgré sa grande tristesse. Puis, elle l'a ramenée à l'intérieur pour qu'elles puissent répéter leur duo une dernière fois.

Maintenant qu'elles s'apprêtent à *danser* devant Estelle et Matthew, Billie se dit qu'elle aurait peut-être dû accepter la proposition de Julien, finalement. Maya se tient là, juste à sa droite, et de grosses larmes roulent sur ses joues. Elle semble abattue. Billie lui fait un grand sourire pour l'encourager, et la musique commence.

Les deux filles ont travaillé pendant **des semaines** pour mettre sur pied leur chorégraphie. Elles ont choisi une thématique qui représente le feu et la glace, deux éléments complètement opposés. Maya, qui interprète le feu, porte un costume orangé sur lequel

elle a cousu des bouts de tissu aux couleurs vives pour représenter les flammes. Elle se déplace en faisant des gestes lents et gracieux, tandis que Billie, qui interprète la glace, y va de mouvements saccadés. Son costume, taillé dans un tissu bleu pâle, est formé d'une longue jupe triangulaire et d'une camisole aux fines bretelles.

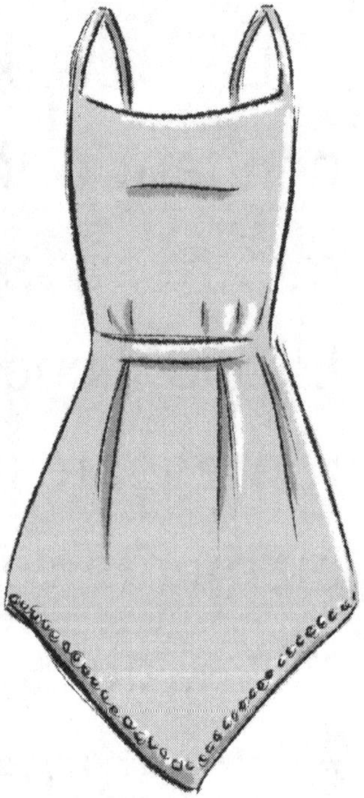

Tout semble aller comme sur des roulettes pendant la chorégraphie. Billie essaie de ne pas se laisser distraire par le chagrin de Maya. Elle doit faire confiance à son amie. Peut-être réussira-t-elle à utiliser ses émotions pour exécuter sa danse, qui sait ?

— **Très bien,** leur dit Estelle, une fois la musique arrêtée. Vous pouvez retourner dans la grande salle pour attendre les résultats. J'ai *bien aimé* votre numéro, les filles.

Billie et Maya se regardent, stupéfaites. Ont-elles bien entendu ?

— Mais une danseuse ne peut pas se permettre de pleurer sur scène, ajoute-t-elle à l'attention de Maya, qui fige sur place. Si vous passez à l'étape suivante — et je dis bien SI, parce que rien n'est encore joué —, je m'attends à ce que tu te ressaisisses, **c'est compris ?**

— Oui, **madame,** répond poliment Maya. Vous ne serez pas déçue.

— Parfait. Faites entrer le duo suivant.

Billie et Maya se dépêchent de sortir du studio. Une fois qu'elles sont de retour dans la grande salle, Maya se tourne vers son amie et la serre très fort dans ses bras.

— **Merci,** lui souffle-t-elle à l'oreille.

— Merci pour quoi ?

— Tu es la **meilleure** amie au **MONDE**. Je n'y serais jamais arrivée sans toi.

— Mais OUI, voyons! Tu es plus forte que tu le crois, réplique aussitôt Billie, en posant les mains sur le visage de Maya pour la regarder dans les yeux. Et tu es une **super** danseuse. Personne ne peut t'enlever ça. Même pas tes parents et leurs chicanes.

Maya baisse la tête, les yeux luisants, et sourit timidement.

Affamées, les deux filles s'installent à une table pour prendre leur repas.

— Tu crois que c'est ton père ou ta mère qui va garder la maison ? demande Billie, en prenant une bouchée de son sandwich.

— Je ne sais pas, répond Maya, en se poussant un peu pour laisser de la place à Maélie et à Léa. Ils ne me l'ont pas dit. Sûrement ma mère.

— Alors, tu vas avoir une nouvelle chambre chez ton père ? C'est *cool* !

Billie sait qu'elle exagère un peu sa réaction, mais elle ferait tout pour encourager son amie.

— Oui, mais j'imagine qu'on n'aura pas beaucoup de sous pour acheter de la peinture et des accessoires, dit Maya, le regard triste. En plus, je vais avoir besoin d'un lit et d'une nouvelle commode. Je ne sais pas comment on va y arriver.

— Tu n'as qu'à **mendier** dans la rue, déclare une voix désagréable. Tu as l'habitude de demander la charité, non ?

Maya et Billie lèvent la tête et voient approcher un groupe de danseurs du **Studio Pop**.

Évidemment, ils ont tous été retenus lors de la première ronde. Reste à savoir s'ils accéderont tous au dernier tour. Parmi eux, Billie aperçoit Victoria et Julien, ainsi que quelques visages qu'elle a croisés plus tôt dans la journée. Billie fait signe à Maya de ne pas accorder d'importance à Victoria, tandis que Julien intervient :

— LAISSE-LA TRANQUILLE, VEUX-TU ? Elle ne t'a rien fait, dit-il, en agrippant la chipie par le coude pour l'éloigner des deux *danseuses*.

— **Pourquoi** prends-tu sa défense ? rouspète la grande rousse en s'assoyant à une autre table. Ce n'est pas ta blonde, à ce que je sache !

— Non. Ce n'est pas ma blonde.

À cet instant précis, le regard de Billie croise celui de Julien et la chaleur lui monte aux joues. Puis, Victoria et sa bande s'éloignent en **rigolant.**

— Tu ne manges pas ton dessert ? lui demande Maya, étonnée que sa meilleure amie lève le nez sur un morceau de **gâteau au chocolat.**

— Prends-le, murmure Billie, un sourire béat aux lèvres. Je n'ai plus vraiment faim.

— **Génial !** Merci !

Pendant que Maya se délecte, Billie, elle, a le **cœur** tout à l'envers. Pourquoi la présence de Julien lui donne-t-elle si mal au ventre ? Pourquoi n'arrive-t-elle pas à détourner son regard de lui ? Décidément, elle va devoir remettre de l'ordre dans ses idées si elle ne veut pas perdre sa concentration. Elle ne peut pas se permettre d'être distraite pendant l'épreuve des solos. Justement, parlant des solos…

— UN MOMENT D'ATTENTION, S'IL VOUS PLAÎT ! crie Estelle, en montant sur une chaise, à l'avant de la salle.

Elle n'a pas besoin de le répéter deux fois ! Les voix se taisent instantanément. Tout le monde a trop hâte de connaître le résultat des duos. Billie se dépêche de ranger ses plats vides dans son sac à lunch et croise les doigts, immobile.

— J'ai ici la liste des trente danseuses et danseurs qui ont été retenus pour l'épreuve des solos. Si vous entendez votre nom, rendez-vous dans le studio pour vous préparer. Dans le cas contraire, eh bien, je ne vous retiens pas plus longtemps. **C'est parti!** Kelly Addison, Louis-Philippe Lalande...

Des **acclamations** se font entendre. Ceux qui sont nommés sont fous de joie! Pour Billie et

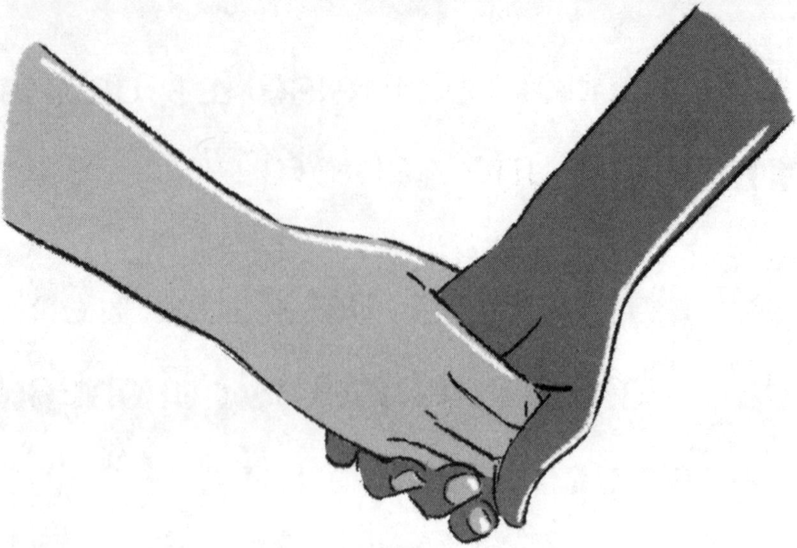

Maya, l'attente est interminable. Les deux jeunes filles se tiennent la main tellement fort que leurs doigts sont douloureux. « Faites que je sois choisie ! » répète Billie. « Faites que je sois choisie ! »

— Samuel Lafrance, Maélie Bergeron, Victoria Petit…

Le cœur de Billie se déchaîne.

Et si elle n'entendait pas son nom ? Si une seule d'entre elles était retenue ?

— Léa Gariépy, Maya Darveau, Julianne...

Oh ! Maya se lève d'un bond pour serrer son amie dans ses bras.

— Je le savais ! s'écrie Billie, trop heureuse. Je le savais que tu serais choisie ! Tu es une merveilleuse danseuse !

— Merci, Billie ! Merci pour tout !

Les deux filles restent ainsi pendant plusieurs secondes, serrées l'une contre l'autre, le sourire aux lèvres, le cœur léger. Pendant ce temps, la foule est de plus en plus **bruyante.**

— Et Thomas Trépanier, conclut Estelle, en pliant la liste pour la ranger dans la poche de sa veste. **Voilà!** Je vous remercie de vous être déplacés pour venir **auditionner**. On se reverra peut-être l'année prochaine. Les autres, je vous attends dans le studio dans

cinq minutes. On a du pain sur la planche.

Billie et Maya figent sur place, pendant que le reste de la salle s'anime.

— Impossible, chuchote Maya, complètement sous le choc. Ça... Ce n'est... C'est impossible, répète-t-elle, à court de mots. Tu ne peux pas être éliminée. NON !

— C'est pourtant ce qui vient de se passer, dit Billie, le cœur gros.

★ CHAPITRE 15 ★

Troisième ronde : les solos

Billie n'arrive pas à y croire. Sa déception est si grande qu'elle ne parvient même plus à bouger.

Elle pensait avoir bien dansé, pourtant. Qu'est-ce qui n'a pas fonctionné ? A-t-elle fait une erreur dans la *chorégraphie* ? A-t-elle manqué de **synchronisme?**

De souplesse ? De **force ?** Aurait-elle dû faire en sorte que leur numéro soit plus difficile ?

La jeune fille a bien envie d'aller voir Estelle pour obtenir des explications, mais elle a peur de la déranger. Surtout, elle a peur de la réponse qu'elle pourrait lui donner. Et si elle lui annonçait qu'elle n'a AUCUN TALENT ? Qu'elle ferait mieux d'abandonner la danse ? Elle ne pourrait pas le supporter.

— Je laisse tomber, annonce Maya, les yeux tristes. Si tu ne fais pas partie de **Danse-Élite,** je n'en fais pas partie moi non plus !

— Hors de question que tu te prives pour moi ! réplique aussitôt Billie, malgré sa déception. Vas-y ! **Tu l'as bien mérité !** ajoute-t-elle en la poussant pour qu'elle rejoigne les autres.

— Et toi ? demande Maya, hésitante. Qu'est-ce que tu vas faire ?

— Je vais continuer à suivre les cours du centre communautaire.

— C'est vraiment trop injuste !

— Peut-être, mais c'est la vie. **Allez ! Go !**

Billie fait signe à son amie de s'en aller. Au même moment, elle sent son iPod vibrer dans sa poche. Pendant qu'elle le sort pour voir qui lui a écrit, celui de Maya se met à vibrer également.

— C'est ma mère, annonce-t-elle, en pinçant les lèvres. Elle veut que je l'appelle.

Et la jeune fille s'éloigne dans le corridor à toute vitesse. Pendant ce temps, Billie lit le court message que lui a envoyé Julien.

Julien

Bravo! Tu dois être fière de toi!

Billie fronce les sourcils. Julien n'a pas l'habitude d'être méchant. Pourquoi lui envoie-t-il un message aussi mesquin ?

Billie

N'en rajoute pas, veux-tu?
Je suis déjà assez triste
comme ça. 😢

Julien

Hein? 😮 Pourquoi es-tu triste?
Tu devrais plutôt te féliciter!

Billie

Me féliciter pour quoi? Pour avoir raté mon audition? Pour avoir dansé aussi bien qu'un poteau de téléphone? Pour m'être fait évincer du programme qui me tenait à cœur?

Julien

Qu'est-ce que tu racontes?

Billie

Ça suffit, Julien! Je ne veux plus que tu m'écrives!

Julien

ATTENDS!

Julien

Tu n'as pas été retranchée du tout!

Julien

Estelle a nommé ton nom, tout à l'heure! Tu ne l'as pas entendue? Qu'est-ce que tu faisais?

Julien

Billie? Es-tu là?

Billie sent sa poitrine se comprimer. Se pourrait-il que Julien lui dise la vérité? Se pourrait-il qu'elle ait été trop occupée à féliciter Maya et qu'elle n'ait pas entendu SON PROPRE NOM? Se pourrait-il qu'elle soit **toujours** dans la course?

Billie

Tu n'es pas en train de te moquer de moi?

Julien

Je ne ferais jamais ça, voyons! Pour qui tu me prends?

Billie

Oh! Je te laisse! Je dois retrouver Maya.

Julien

Dépêche-toi, Matthew et Estelle nous attendent dans le studio.

Billie

Comment ça, NOUS? Tu restes dans le programme?

Julien

Billie

Tu as changé d'idée?

Julien

Peut-être. Je ne sais pas encore. Mais là, grouille! Tu vas être en retard!

Billie range son iPod, enfile son maillot blanc en vitesse et court pour rejoindre les autres dans le studio. Une fois arrivée, elle jette un coup d'œil à Estelle pour vérifier si elle a VRAIMENT sa place au sein du groupe — et s'assurer que Julien ne l'a pas menée en bateau —, mais l'entraîneuse ne bronche pas d'un poil en l'apercevant. **Parfait !** Billie dépose son sac dans un coin et se mêle aux autres. La première chose qu'elle remarque, c'est la tension qui règne dans la pièce. Certains danseurs ont le teint blême et tentent de prendre de grandes respirations, alors que d'autres s'activent, sautent sur place et essaient de se délier les muscles. La deuxième chose qu'elle remarque, c'est l'absence de Maya.

Encore!

Qu'est-ce qu'elle fait? Elle ne peut pas se permettre d'arriver en retard pour la dernière épreuve! Billie rejoint Julien pour le questionner, mais il n'a pas vu son amie. Au moment où elle s'apprête à sortir du studio pour partir à sa recherche, Maya apparaît enfin.

— OÙ ÉTAIS-TU? lui demande Billie, en courant à sa rencontre. Ça va bientôt commencer! OH! Tu as encore pleuré? Qu'est-ce qui se passe?

— Je...

Mais Maya n'a pas le temps d'en dire plus. Estelle tape fort dans ses mains pour attirer l'attention des danseurs.

— **Bravo à vous tous!** fait-elle pour commencer, en circulant parmi les jeunes. J'ai été TRÈS impressionnée par le niveau des chorégraphies que vous m'avez présentées au courant de la journée. Vous méritez tous votre place au sein de ce programme, mais malheureusement, je dois encore éliminer dix d'entre vous.

Billie s'approche de Maya et enroule un bras autour de sa

taille. La jeune fille appuie la tête sur son épaule et les deux amies restent ainsi pendant de longues minutes, le temps qu'Estelle termine ses explications.

— Dans un peu plus d'une heure, vous connaîtrez enfin les résultats de cette journée d'auditions, dit-elle en se dirigeant vers la chaîne stéréo. Quelqu'un veut commencer ?

Billie lève **aussitôt** la main. Elle a hâte d'en avoir terminé avec toute cette histoire.

— **Parfait !** dit Estelle. Viens me porter ta musique et mets-toi en position.

Contrairement aux autres **épreuves** de la journée, les danseurs peuvent rester dans le studio pour voir les solos, ce qui augmente un peu le degré de nervosité de Billie. Elle s'installe au milieu de la pièce, la gorge sèche. Un coup d'œil à Maya, qui lève le pouce pour l'encourager, les yeux encore rougis, un regard rapide à Julien, qui lui fait un GRAND SOURIRE, et la voilà prête à commencer !

C'est le moment de vérité.

Les trente danseurs font la queue et attendent leur tour pour rencontrer Estelle et Matthew. Ils sont sur le point de connaître le résultat de leur journée d'efforts.

Billie est la première. Elle se ronge un ongle en attendant d'être appelée. Elle est assez fière de sa présentation, mais elle sait qu'elle n'a pas dansé parfaitement. Ses mouvements manquaient de précision, ses pieds n'étaient pas toujours pointés et sa dernière pirouette était loin d'être réussie.

Quand la porte s'ouvre et qu'Estelle l'invite à entrer dans le petit bureau, Billie sent son cœur faire un bond. Elle prend une grande respiration, serre les dents, et s'arme de courage.

— Alors ? lui demande Matthew, en posant les coudes sur la table de bois. Comment as-tu trouvé ta journée ?

— De vraies montagnes russes, répond aussitôt Billie.

— Tu as vécu toutes sortes **d'émotions**, n'est-ce pas ? lance Estelle, le visage plus doux qu'à l'habitude.

— On peut dire ça, oui...

Pour la première fois depuis la matinée, Billie a l'impression qu'Estelle s'intéresse vraiment à ce qu'elle vit. Mais elle ne peut rien dire. Elle a promis à Maya qu'elle se tairait. Pourtant, la jeune fille aimerait bien se confier à son entraîneuse.

Elle pourrait lui dire qu'elle se sent triste parce que les parents de Maya ont décidé de se séparer. Qu'ils ont choisi la pire journée pour annoncer la nouvelle à leur fille. Que la mère de son amie vient de lui confirmer qu'elle aura les sous pour lui payer l'inscription à **Danse-Élite** parce qu'elle s'est fait offrir un emploi DANS UNE AUTRE VILLE ! Que Maya doit maintenant choisir entre son père et sa mère. Que c'est TROP INJUSTE !

Mais Billie ne dit **rien.** Elle ne veut pas trahir la confiance de Maya.

— Nous avons été TRÈS impressionnés par tes aptitudes tout au long de la journée, lui dit Estelle, en lui tendant la main. **Bienvenue dans l'équipe!**

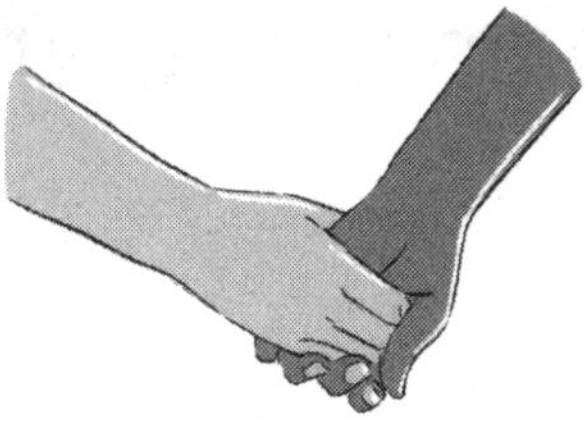

CHAPITRE 16

Des choix difficiles

Billie est **sous le choc.** Ça y est ! Elle a été choisie ! Ce n'est pas un **rêve** !

Elle remercie Estelle et Matthew d'un grand sourire, ouvre la porte du bureau et en sort lentement. Maya comprend tout de suite. Elle accueille son amie à bras ouverts et la félicite en la serrant de toutes ses forces.

— Je SAVAIS que tu y arriverais ! Bravo, Billie !

— Merci ! J'ai trop hâte que ce soit ton tour !

Mais pour cela, les deux jeunes filles doivent attendre à la toute fin des rencontres individuelles, puisque Maya a choisi de passer en dernier. Elle avait besoin d'un peu de temps pour se remettre de ses émotions en raison de l'appel de sa mère.

— En tout cas, si je suis choisie, c'est sûr que je reste ici avec mon père ! annonce Maya, en trépignant dans la file d'attente.

— Ta mère ne va pas te manquer ? fait Billie, qui se demande comment elle ferait pour vivre éloignée de l'un de ses deux parents.

— Oui, c'est **sûr!** Mais c'est le rêve de ma vie, cette école de danse. J'irai voir ma mère les fins de semaine.

Les danseurs entrent un à un dans le bureau d'Estelle et en ressortent presque aussitôt. Certains ont le visage dévasté, comme Léa et Maélie, alors que d'autres sont transportés de joie, ce qui est notamment le cas de Victoria. Quand Julien apparaît à son tour, Billie comprend qu'il doit maintenant faire un choix.

— Alors, qu'est-ce que tu vas faire ? lui demande Billie, curieuse.

— Estelle et Matthew m'ont convaincu, répond Julien, un GRAND SOURIRE aux lèvres. Je quitte le Studio Pop pour rejoindre **Danse-Élite.**

Billie aimerait bien le féliciter, mais il est assailli de toutes parts par ses amis. Ils lui ébouriffent les cheveux, lui donnent des tapes sur l'épaule, le serrent dans leurs bras. Apparemment, Julien ne sera pas le seul membre de Studio Pop à changer pour **Danse-Élite.**

C'est au tour de Maya de sortir du bureau. Le sourire de Billie s'évanouit instantanément. Les larmes aux yeux, le visage rougi, Maya fonce sur sa *best* et se réfugie dans ses bras.

— Quoi ? NON ! C'est impossible ! bredouille Billie, sous le choc.

Maya secoue la tête de gauche à droite, la gorge secouée par des sanglots.

— Je n'ai pas été choisie...

C'est la première fois que ça m'arrive. Mon carnet ne contiendra pas que des éléments positifs. Je n'en ferai pas une habitude. J'ai juste besoin d'évacuer ma frustration. Je reprends mes bonnes résolutions à partir de demain. Promis.

Points positifs de ma journée :

- Ça y est ! Je fais partie de Danse-Élite ! Une partie de moi a envie de danser, de chanter, de crier, de sauter !

- Julien a été sélectionné lui aussi ! Il est trop beau. Trop gentil.

Il danse trop bien. Bref, il est juste **TROP!**

Je crois que c'est tout.
La suite n'est pas tellement jolie...

Points négatifs de ma journée (malheureusement, ils sont si importants qu'ils ont tendance à annuler les points positifs):

- Je vais avoir Victoria dans les pattes pendant un bon bout de temps. Je suis sûre qu'elle va passer son temps à se moquer de moi et à essayer de me ridiculiser.

- MAYA N'A PAS ÉTÉ CHOISIE! J'ai tellement de mal à y croire!

Qu'est-ce que je vais faire, sans elle?

Maya va peut-être déménager avec sa mère à DEUX MILLE heures d'ici (parce que deux heures, quand on est des *best*, ça nous en paraît deux mille)! Dans une grande ville pleine d'édifices, de pollution et de voitures. Le genre de ville qui pue, quoi!

Demain, elle va aller visiter des maisons.

Apparemment, il y a un super studio de danse, dans sa ville qui pue!

Je sens qu'elle va m'abandonner. Me laisser seule au monde.

J'ai juste le goût de pleurer.

Maintenant, je dois attendre sa décision. J'espère qu'elle ne s'en ira pas.

Je me croise les doigts.
Et les orteils. Et j'attends.

À suivre...

Table des matières

CHAPITRE 1
Des idées plein la tête 9

CHAPITRE 2
Danse-Élite 31

CHAPITRE 3
Blague à part 51

CHAPITRE 4
Entraînement intensif 67

CHAPITRE 5
Mauvais pressentiment 83

CHAPITRE 6
Allez hop ! On se prépare ! 117

CHAPITRE 7
De l'eau, de l'eau
et encore de l'eau ! 137

CHAPITRE 8
On trouve de tout
dans la grande salle 161

CHAPITRE 9
Dans un château
près de chez vous 179

CHAPITRE 10
Cascades et crème glacée 201

CHAPITRE 11
Prête pour les auditions 223

CHAPITRE 12
Première ronde : le numéro de groupe 241

CHAPITRE 13
Le temps des confidences 261

CHAPITRE 14
Deuxième ronde : les duos 277

CHAPITRE 15
Troisième ronde : les solos 297

CHAPITRE 16
Des choix difficiles 317

Dans la série Billie Jazz

On dit que la nuit porte conseil, mais pour Geneviève, elle est surtout porteuse d'inspiration. En fait, l'auteure a tellement d'idées en tête qu'elle manque de temps pour toutes les écrire! On peut aussi retrouver Geneviève chez Andara éditeur dans les séries *Textos et cie*, *Ti-Guy La Puck*, *BFF*, *Ma première BFF*, *Mon BIG à moi*, *Mon Mini BIG à moi* et *Mon micro BIG à moi*.

genevieveguilbaultauteure.com

MIXTE
Papier issu de
sources responsables
FSC® C103567
FSC
www.fsc.org